Libanesische Küche

Eine Einführung in die Kochkunst des Nahen Ostens

LIBANESISCHE KÜCHE

EINE EINFÜHRUNG IN DIE
KOCHKUNST DES NAHEN OSTENS

SUSAN WARD

KÖNEMANN

Copyright © 1992 Quintet Publishing Limited.
All rights reserved. No part of this publication
may be reproduced, stored in a retrieval system
or transmitted in any form or by any means,
electronic, mechanical, photocopying,
recording or otherwise, without the permission
of the copyright holder.

This book was designed and produced by
Quintet Publishing Limited
6 Blundell Street
London N7 9BH

Creative Director: Richard Dewing
Designer: Chris Dymond
Project Editor: William Hemsley
Food Photographer: Trevor Wood
Photographs of Lebanon: Alistair Duncan/
Middle East Archive

© 1995 für die deutsche Ausgabe
Könemann Verlagsgesellschaft mbH
Bonner Str. 126, D-50968 Köln
Redaktion und Satz der deutschen Ausgabe:
Thomas Heider, Bergisch Gladbach
Übersetzung aus dem Englischen: Angelika Feilhauer
Druck und Bindung: Sing Cheong Printing
Printed in Hong-Kong

ISBN 3–89508–118-3

INHALT

EINFÜHRUNG 6

KULINARISCHE SCHÄTZE DES LIBANON 10

MENÜVORSCHLÄGE 18

SUPPEN 19

VORSPEISEN UND SALATE 27

FISCH 65

GEFLÜGEL UND EIER 75

FLEISCHGERICHTE 85

GETREIDE UND GEMÜSE 95

SAUCEN, DRESSINGS, CHUTNEYS 103

BROT UND DESSERTS 113

REGISTER 126

EINFÜHRUNG
EIN LAND UND SEINE KÜCHE

Mein Libanon ... war ein Mantel aus bunten Farben. Beirut war bis ins Herz levantinisch, smart, mehrsprachig, vielseitig, mit einem Moment bloßer frivoler Verruchtheit. Tripoli im Norden war sunnitisch, fanatisch, auch nüchtern. Tyrus und Saida ruhten im Sand nahe des Meeres. Die Menschen der Ebene waren nicht die Menschen des Gebirges, eine Meile entfernt.

Dies schrieb Albion Ross, ein amerikanischer Journalist und Kenner des Libanon im Jahre 1957, als die Konflikte, die den Libanon schließlich in den Ruin stürzen sollten, erstmals zum Ausbruch kamen. Der immer wieder aufflackernde Bürgerkrieg wie auch die Eskalation des israelisch-arabischen Konflikts haben ein Land verwüstet, das einst die Perle des östlichen Mittelmeerraums gewesen war – eine Demokratie in einer Nation von Minderheiten, die in einer Oase halb so groß wie Wales lebten. Jener Mantel aus bunten Farben verblaßte, und die legendäre Toleranz der künstlichen Nation, die 1860–66 unter französischer Federführung von Syrien abgetrennt und 1946 unabhängig geworden war, wandelte sich in einen Mythos, an den die Bevölkerung selbst schon nicht mehr länger glauben konnte.

Diese Kurzbeschreibung der Tragödie, die eine der schönsten, blühendsten und kulturell faszinierendsten Regionen des Nahen Ostens erfaßte, mag in einem Kochbuch eher deplaziert erscheinen. Doch würde ein Übersehen dieser Konflikte auch bedeuten, den Reichtum des libanesischen Erbes zu verkennen, der sich in

Tagesanbruch im Hafen von Tyrus.

LIBANESISCHE KÜCHE

Ein Bauer in der Bekaa-Ebene mit einem traditionellen Pflug.

der Vielfalt und Phantasie der libanesischen Kochkunst widerspiegelt. Seit etwa 2000 v. Chr. war der Libanon ein Sammelbecken für Invasoren, Flüchtlinge, Siedler und Kaufleute. Heute ist er das einzige Land der Welt, dessen Bevölkerung sich nur aus Minderheiten zusammensetzt, auch wenn sich alle als Araber bezeichnen. Die Unterschiede zwischen ihnen, die vor allem religiös bedingt sind, spiegeln sich auch in den Einflüssen wider, aus deren Reichtum sich die libanesische Küche entfalten konnte.

Die große muslimische Bevölkerung setzt sich fast zu gleichen Teilen aus Sunniten und Schiiten zusammen, wobei letztere Gruppe in den vergangenen 20 Jahren durch zahlreiche palästinensische Flüchtlinge anwuchs. Beide Volksgruppen werfen sich seit jeher fast mit demselben Argwohn vor, »Ungläubige« zu sein. Die nur geringfügig kleinere christliche Bevölkerungsgruppe wird von den Maroniten dominiert, einer sehr alten Glaubensgemeinschaft, die sich im 13. Jahrhundert Rom anschloß. Lange waren die Maroniten aufgrund ihres wirtschaftlichen Erfolges und ihrer historischen Bindung an Frankreich die gebildetste Gruppe im Land, mit kosmopolitischer Ausstrahlung; sie pflegten in ihrer Lebensweise alles Französische. So ist es vor allem auf die Maroniten zurückzuführen, daß man im Libanon Französisch fast ebenso häufig hört wie Arabisch, die offizielle Landessprache. Es war ein Triumph des maronitischen Geschäftssinns, daß Beirut zum »Paris des Nahen Ostens« getauft wurde. Und der Honigtopf Beirut lockte ausländische Abenteurer, Investoren, Touristen und Siedler aus Europa an. Ein Zeichen für die Internationalität Beiruts in der Zeit vor dem Bürgerkrieg war beispielsweise, daß Gottesdienste nicht nur in Französisch und Arabisch, sondern auch in Englisch, Italienisch, Deutsch, Spanisch und gelegentlich auch in Polnisch zelebriert wurden.

Zu den bedeutenden Minderheiten gehören auch die Drusen, eine pseudo-islamische Sekte, deren Kampfbereitschaft berüchtigt ist, außerdem orthodoxe und katholische Griechen, Armenier und Syrer sowie eine kleine jüdische Gemeinde.

Was die libanesische Küche betrifft, so hat die arabisch-muslimische Tradition den Fortbestand der allgegenwärtigen Dressings und Marinaden aus mit Kräutern oder Gewürzen aromatisiertem Olivenöl und Zitronensaft gesichert, ebenso die größere Beliebtheit des Joghurts vor der Sahne, die die Franzosen in die libanesische Küche eingeführt haben. Diese Tradition bewirkt, daß Lammfleischgerichte überwiegen und kein Schweinefleisch verwendet wird, und sie ist Ursache für die Entstehung einer Fülle wunderbarer Vorspeisen; ebenso werden viele Nußsorten verwendet – in pikanten Gerichten und natürlich auch als Hauptzutat in Süßigkeiten, Gebäck und auch in Köstlichkeiten wie grünem Mandelgelee.

Der französisch-maronitische Einfluß hingegen hat Wein auf den Tisch und den Essig in die Küche gebracht, den Anbau neuer Gemüse gefördert und die syrischen Trüffel in vornehmen Restaurants von Beirut eingeführt. Er hat die mitunter aggressive nah-östliche Art des Würzens zu einer Raffinesse verfeinert, wie auch westliche Gaumen sie schätzen.

Diese beiden Haupttrends in der Kochkunst waren seit jeher offen für andere Einflüsse: etwa für die Datteln der Iraker und die mit Trockenfrüchten zubereiteten Speisen der Juden und Palästinenser; die Rindfleischgerichte und Fleischtöpfe der Armenier, die Granatapfelkerne und den Sumach der Iraner und Syrer sowie die Pasta der Italiener.

EINFÜHRUNG

Vor dem Krieg war der Libanon nach Israel die blühendste Agrarregion des östlichen Mittelmeerraums. Topographisch ist der Libanon eine Art »Klein-Kalifornien«: Die flache, heiße Küstenregion, wo Citrusfrüchte und Bananen angebaut werden, geht in die Vorgebirge über, mit Weinbergen und Gärten, wo Aprikosen, Pflaumen und Pfirsiche gedeihen. Wo der Boden hingegen magerer und steinig wird und Ziegen und Schafe weiden, wachsen Oliven- und Feigenbäume. Die Niederschläge in den hohen Bergketten nähren das Agrarparadies der Bekaa-Ebene, die sich an die Ostgrenze zu Syrien schmiegt.

Auch der Litani mit seinen Nebenflüssen und Kanälen tränkt die fruchtbare Bekaa-Ebene, wahrlich ein »Land, wo Milch und Honig fließen«. Dort gedeiht das beste Obst und Gemüse, weidet das bestgenährte Vieh. Die Weintrauben an den Hängen, die tief in die Ebene hinabschauen, wachsen an Stöcken, die Jesuiten vor fast 200 Jahren dort pflanzten.

An den felsigen Ufern des Bardoni, einem Nebenfluß des Litani, liegt der Ferienort Zahle. In besseren Zeiten kamen Touristen wie auch Bewohner Beiruts und der Küste an Wochenenden in Scharen dorthin, um in den rustikalen Cafés und Freiluftlokalen *mazza* (alle Arten von Vorspeisen) zu essen, Kaffee, Wein und *arak* zu trinken und die traditionelle *narghileh*, die Wasserpfeife, zu schmauchen. – Heute sitzt kaum noch jemand an den Tischen, denn die Gäste von einst kämpfen – ums Überleben. Selbst in Beirut sind die Hotels wie ausgestorben, die Swimmingpools ohne Wasser. Im 25 Kilometer entfernten berühmt-berüchtigten Casino du Liban sind in den Spielsälen, im Restaurantkomplex und im Theater die Lichter längst erloschen. Nur Einheimische trifft man dort noch an.

Doch dem libanesischen Volk liegt der Optimismus im Blut, und es gibt Anzeichen dafür, daß es bald mit neuer Kraft pulsieren wird. Eine friedliche Lösung des arabisch-israelischen Konflikts würde eine neue Chance für den libanesischen Staat bedeuten, welche Kompromisse auch immer zwischen den Interessengruppen notwendig sein mögen. Touristenbüros sind im Auftrag der Regierung bereits wieder tätig, auch wenn sie bislang in ihrem Heimatland nur wenig Interessantes anzubieten haben. Aber das wird sich hoffentlich bald ändern.

Bis dahin werden sich die Herrlichkeiten und Verlockungen der libanesischen Küche im Westen mit Restaurants, Delikatessengeschäften und sogar Supermärkten immer größerer Beliebtheit erfreuen.

Wenn wir schon heute die kulinarischen Freuden dieses Landes teilen können, wie werden wir uns erst danach sehnen, sie in diesem azurnen mediterranen Land zu kosten, aus dem sie stammen?

ESSEN ZU HAUSE UND IM RESTAURANT

Bauern und Hirten sind bereits kurz nach Sonnenaufgang mitten in ihrer Arbeit. Geschäfte und Büros öffnen gewöhnlich um 8.30 Uhr. Dann nimmt man die leichteste Mahlzeit des Tages zu sich, die typischerweise aus *labna* (Joghurtkäse, s. Seite 53) und *chubz* (arabischem Brot, s. Seite 114) besteht. Auch Oliven, Datteln, frisches Obst, Honig und Nüsse stehen auf dem Tisch. Auf dem Land bevorzugt man vielleicht eine Schale mit *ful mudammas* (kleinen dicken Bohnen) oder Eier, die gebraten oder hart gekocht werden.

Das Mittagessen wird üblicherweise zwischen 13 und 15 Uhr eingenommen. Auf dem Land kann dies die Hauptmahlzeit des Tages sein, meist dient es aber nur als Imbiß, der aus *mazza* und frischem *chubz* besteht. In Beirut und anderen Großstädten haben dann, wie in westlichen Städten auch, viele Snackbars und Imbisse geöffnet, sehr beliebt bei Büroangestellten.

Das Abendessen ist für die Mehrzahl der Libanesen die Hauptmahlzeit des Tages, die man im Kreis der ganzen Familie einnimmt. Es findet zwischen 20 und 23 Uhr statt und besteht aus diversen *mazza* – die Vielfalt hängt dabei von Anlaß oder Einkommen der Familie ab – und gegrilltem Fleisch oder Geflügel (an der Küste auch Fisch); dazu wird das beliebte Getreide *bulgur*, seltener auch Reis serviert.

Im Beiruter Mittelstand und in der großen christlichen Bevölkerung des Libanon ist die sonst in der arabischen Welt praktizierte Trennung von Männern und Frauen bei den Mahlzeiten nicht üblich. Libanesische Frauen besuchen auch Restaurants und bewirten zu Hause Männer und Frauen als Gäste.

Vor dem Bürgerkrieg zogen in Beirut ausländische Restaurants Einheimische und Touristen an. Heute gibt es diese Restaurants nicht mehr, aber die Kochkünste sind erhalten und warten nur auf bessere Zeiten, um zu neuem Leben erweckt zu werden.

Von den arabischen Restaurants (*mat'am*) und Cafés im Libanon haben sich einige spezialisiert. Manche servieren ausschließlich Lammgerichte vom Holzkohlengrill (*mat'am lahm maschwi*), andere Fisch und Meeresfrüchte (*mat'am samak*). Es gibt Snackbars, wo kein Alkohol ausgeschenkt wird, die *schawarma* (*mah'em asir*) servieren, Konditoreien (*helaewayat shami*) und Cafés, die *mazza* und *arak* (*kas arak wi mazza*) anbieten.

8 LIBANESISCHE KÜCHE

Schneeschmelze in den Bergen. Im Vordergrund Terrassengärten.

EINFÜHRUNG

KULINARISCHE SCHÄTZE DES LIBANON

Die meisten Geschäfte im Westen, die Lebensmittel aus dem Nahen Osten anbieten, führen vor allem Produkte, die aus dem Libanon stammen oder dort verwendet werden. Dies ist zum einen auf die traditionelle Rolle der Libanesen als Geschäftsleute und Importeure zurückzuführen, zum anderen auf das hohe Ansehen, das libanesische Produkte in der arabischen Küche genießen. Die vielfältigen Einflüsse, die das Land geformt haben, haben auch seinen Gerichten, sowohl was Zubereitung als auch Präsentation betrifft, eine kosmopolitische Note verliehen. Obwohl man viele dieser Gerichte auch in den Nachbarländern Syrien und Jordanien – und in Varianten in Ägypten und der Türkei – findet, ist vieles von dem, was wir heute im Westen als »nah-östliche« Küche schätzen, durch den libanesischen Geschmack aufbereitet und verbessert worden.

Stellen Sie sich vor, Sie betreten ein typisches Geschäft, das Lebensmittel aus dem Nahen Osten führt. In den Regalen werden Sie vermutlich eine Palette von getrockneten Gewürzen und Kräutern finden, einige sind Produkte großer Firmen, andere befinden sich in Folienbeuteln mit aufgeklebten Etiketten und stammen aus kleinen Familienbetrieben. Weiterhin werden Sie dort viele weitgehend unvertraute getrocknete oder konservierte Hülsenfrüchte und Getreideprodukte finden – Bohnen in allen Farben, grüne, braune oder rote Linsen, Pakete mit *bulgur*, Hartweizengrieß (nordafrikanischem Couscous und levantinischem *mughrabija*) sowie ägyptischen und syrischen *farik*. Weiter hinten stoßen sie auf Flaschen mit Olivenöl, Rosen- und Orangenblütenwasser sowie Sirup von zahllosen Firmen, denn die libanesischen Köche sind bekannt dafür, daß sie auf bestimmte Marken schwören.

Dann gibt es weitere Regale oder vielleicht einen großen Tisch mitten im Geschäft, wo sich frisches Obst, Gemüse und Kräuter türmen. Auch viele dieser Gemüse findet man bei uns eher selten, wie etwa enthülste, frische dicke Bohnen (*ful achdar*), Okras (*bamia*), kleine, blaßgrüne, birnenförmige Zucchini (*kusa*), purpurne oder gestreifte Mini-Auberginen (*bazinjan*) und frische grüne Oliven zum Selbsteinlegen. In Schalen oder Beuteln werden Trockenfrüchte – Feigen (*tihn*), Datteln (*tamr* oder *baila*), Aprikosen (*mischmisch*), außerdem

Nüsse und Samen (*muhamahsat*) angeboten. Die Liebe der Araber zu Nüssen hat sich im Libanon zu einer wahren Obsession entwickelt. Neben den gewöhnlichen ungesalzenen Sorten zum Kochen – im Libanon vor allem Pistazien (*fustuq*), Pinienkerne (*sunuba*), Mandeln (*lohz*), Cashewnüsse und, in geringerem Umfang, Walnüsse (*ingamal*) – gibt es stets ein Angebot zum Knabbern: mit Zitrone aromatisierte oder gesalzene Pistazien, Pistazien in einer süßen Teighülle (*fustuq ilja*), zwei bis drei Arten gesalzener Mandeln (*lohz*), Cashewnüsse und Erdnüsse (*ful sudani*). Auch die angebotenen Melonenkerne sind ein beliebter Snack. Sesam (*sumsum*) wird – unbehandelt oder geröstet – für zahllose Speisen, von *tahina* über Brote bis zu Desserts, verwendet.

Das dominierende Element eines solchen Ladens sind vermutlich zwei oder drei Kühltheken. Jene hinten im Geschäft beherbergt regionale Käsesorten und selbstgemachten Joghurt, fertig zubereitetes Hackfleisch für *kebab* und eine Auswahl an *mazza* und Salaten: *sambusak* und *fata'ir* (pikantes Gebäck mit Fleisch-, Spinat- oder Käsefüllung), fritierte *kubba bi schamija* (Bällchen aus Lammhack und *bulgur* mit einer Füllung aus Lammfleisch und Pinienkernen), *hummus* und *tabbula* (*bulgur*-Salat). Auf der Theke stehen aufgereiht Gläser mit in Öl eingelegtem Käse (*schanklisch*), darunter findet man in großen Keramikschalen schwarze und grüne Oliven, einige in Marinaden mit ganzen Chilischoten und Zitronenscheiben, andere in pechschwarzen Essenzen.

In der Glastheke zur Straße hin sind die größten Herrlichkeiten zu bestaunen – eine köstliche Sammlung von süßem Kleingebäck, von dem das meiste mit leuchtend grünen gemahlenen Pistazien bestreut ist. Sie ziehen die Blicke der Passanten magisch an und locken sie in diese kulinarische Wunderwelt. Das Angebot kann verschiedene Sorten von *mam'ul* enthalten (kugelförmige oder ovale süße Teigwaren, die mit gehackten Datteln, Pistazien oder Walnüssen gefüllt sind), knuspriges Gebäck aus Phyllo-Teig wie etwa *asabija* (Stäbchen mit einer Füllung aus gehackten Cashewkernen) oder *bohadj* (Teigtaschen, die Pistazien oder gehackte Nüsse enthalten). Den Ehrenplatz nimmt jedoch das weltbekannte *baqlawa* ein, ein pastillenförmiges, mit duftendem Sirup getränktes Gebäck, das im Libanon typischerweise mit

LIBANESISCHE KÜCHE

Gemüsehändler auf einem Markt in Beirut.

Pistazien und Cashewnüssen gefüllt ist (statt mit Walnüssen wie in der Türkei und in Griechenland).

Liebhaber der nah-östlichen Küche, die einen solchen Laden betreten, gehen nicht einfach nur »einkaufen«, das wäre viel zu profan. Den Menschen der Levante ist ihre Ernährung äußerst wichtig: Sie essen nicht, um zu leben, sondern leben, um zu essen. Um entscheiden zu können, was man einkaufen will, muß man im Geschäft natürlich über Qualität und Zubereitungsmethoden sprechen – nebenbei kann man dann noch die neuesten Familiennachrichten austauschen. Wie auch im Libanon sind solche Lebensmittelgeschäfte Zentren der Kommunikation – und in einer westlichen Metropole noch eher, weil dort die Pflege der Tradition naturgemäß viel schwerer aufrechtzuerhalten ist.

Für Eingeweihte aus dem Westen gehören Feinschmeckerei und Neugier zusammen. Stets gibt es in einem nah-östlichen Geschäft etwas Neues zu bestaunen – ein Päckchen, daß man noch nie bemerkt hat, oder ein neues Gebäck zum Kosten. Natürlich erfordert es schon einige Unternehmungslust, zu fragen, zu kaufen und schließlich zu probieren – aber es lohnt sich!

KULINARISCHE SCHÄTZE

ZUTATEN UND SPEZIALITÄTEN VON A BIS Z

Die folgenden Zutaten und Produkte sind für den Nahen Osten typisch, wobei hier besonderes Gewicht auf libanesische Spezialitäten gelegt wird. Man erhält sie in den meisten gutsortierten Geschäften, die Lebensmittel aus dem Nahen Osten führen. Die arabischen Namen werden in deutscher Umschrift verwendet, wo diese Begriffe auch im Westen bekannt sind.

Arak: Traubenbranntwein mit Anisaroma. Ähnelt dem griechischem Ouzo, schmeckt aber duftiger.

Bastarma: Geräuchertes Rinderfilet, das in der Mitte dunkelrot ist und außen von einer dicken Schicht aus Gewürzen umgeben ist. Es ist ein Vorläufer des bekannten armenischen *pastrami*.

Blütenwasser: Für Naschwerk, inbesondere für *mam'ul* und mit *phyllo*-Teig hergestelltes Gebäck, werden Orangenblütenwasser und Rosenwasser verwendet. Orangenblütenwasser kocht man auch mit Wasser zur Herstellung von »weißem Kaffee«, der wie eine Art Verdauungsschnaps getrunken wird.

Bohnen: Zu den beliebtesten Bohnen gehören hellbraune dicke Bohnen (*ful nabit*) und die kleinen, dunkleren *ful mudammas* mit ihrem typischen schwarzen »Auge«. Die dunkleren Bohnen sind ein geschätztes Grundnahrungsmittel und werden als Snack, zum Frühstück und zu Hauptgerichten gegessen. Weitere verbreitete Sorten sind getrocknete weiße Bohnen (*ful baladi saida*) sowie frische grüne Bohnen (*lubbija*), die als *mazza* oder Salat, als Beilage oder in Schmortöpfen serviert werden (s. auch *hummus*, unten).

Bulgur: ein vorgekochter, gedarrter Hartweizen, fein, mittelfein und grob geschrotet erhältlich. Man bekommt ihn auch ungeschält (Vollweizen). Feinkörniger *bulgur* wird zur Zubereitung von *kubba* und *tabbula* verwendet, mittelfeiner für Füllungen und Eintöpfe wie zum Beispiel *imdjadra*.

Brot: Der allgemeine arabische Begriff *chubz* wird für viele Brotsorten benutzt, von den bekannten kleinen runden Fladen über große Vollweizenfladen bis zu Sorten, die mit Sesam bestreut sind. In ländlichen Gebieten backen die Menschen ihr Brot zu Hause in Lehmöfen, in Städten und Dörfern ist dies Aufgabe des Bäckers. Brot wird im Libanon zu allen Mahlzeiten in großen Mengen verzehrt.

Granatapfelkerne: Die Samenkörner des Granatapfels werden vor allem in der iranischen und syrischen Küche verwendet, aber auch in einigen libanesischen Füllungen und Salaten, denen sie einen pikanten, leicht süßsauren Geschmack verleihen.

Hummus: bezeichnet sowohl die ganzen Kichererbsen als auch die Paste, die aus pürierten Kichererbsen, Oli-

Grüne Bohnen in Olivenöl

Libanesisches Brot

LIBANESISCHE KÜCHE

venöl, Zitronensaft, Knoblauch, Kräutern und Gewürzen (s. Seite 36) hergestellt und als *mazza* oder als Beilage zu gegrillten Gerichten wie Huhn, *shish kebab* oder *schawarma* serviert wird.

Joghurt: Im Libanon wird Joghurt gewöhnlich aus Schaf- oder Ziegenvollmilch hergestellt; er ist fettreich und dick. Man verwendet ihn für Salate, Hauptgerichte und Desserts. Läßt man ihn abtropfen, entsteht *labna*, eine Art säuerlicher Frischrahmkäse.

Käse: Libanesischer Käse ist meist hellweiß und wird aus Ziegen- oder Schafmilch zubereitet. Am bekanntesten ist *labna*, das zu Hause für den Eigenbedarf, aber auch für den Handel hergestellt wird. Es handelt sich dabei um abgetropften Joghurt, und man verwendet es als Dip (Sauce) und zum Kochen. *Schanklisch* sind kleine Kugeln aus *labna*, die mit Minze, Thymian und anderen Kräutern überzogen und in Öl getaucht werden. *Anari* ist ein Schafskäse, den man sowohl frisch – als eine Art Ricotta – als auch gereift zum Reiben bekommt. Bei *djibach baida* handelt es sich um einen salzigen weißen Käse ähnlich dem griechischen Feta. *Kalladja* und der bekanntere türkische *halumi* sind kräftigere, reifere Käse von fast gummiartiger Konsistenz, die meist gebraten mit Brot oder Eiern serviert werden. Der syrische *djubna djadula* (»geflochtener Käse«) hat eine ähnliche Konsistenz wie Mozzarella und wird auch so serviert.

Kaffee und Tee: *gowhwa* (Kaffee) und *shay* (Tee) werden in großen Mengen getrunken, auch wenn Kaffee zweifellos der König der Getränke ist, vor allem nach dem Abendessen beliebt. Beide Getränke serviert man in kleinen, henkellosen Tassen – Tee meist in Gläsern. Anders als türkischer Kaffee wird libanesischer Kaffee in eine Kanne gefüllt und hat daher nicht den dicken Bodensatz, der sonst im Nahen Osten üblich ist. Kaffee und Zucker werden zusammen aufgebrüht, so daß der Gast immer mitteilen muß, ob er seinen Kaffee sehr süß (*sokah ziyaday*), mittelsüß (*mazbout*) oder ohne Zucker (*sayaday*) wünscht. Libanesischer Kaffee wird traditionell mit gemahlenem Kardamom gewürzt, der dem frisch gemahlenen Kaffee schon beim Kauf zugefügt werden kann. (Seltener wird Kardamom durch Zimt ersetzt, der als Aphrodisiakum gilt.) Einheimische trinken nach einer Mahlzeit meist mehrere Tassen Kaffee, danach noch einige Tassen Tee.

Tee und Kaffee werden zu jeder Tages- und Nachtzeit getrunken, und die Cafés sind voller Männer (obwohl im Libanon auch Frauen Restaurants und Cafés besuchen), die Wasserpfeife (*nargileh*) rauchen. Tee wird süß serviert, und die Minzeblätter, die arabischem Tee typischerweise zugefügt werden, läßt man nicht mitziehen; man gibt sie kurz vor dem Servieren in die Kanne – oder direkt ins Glas.

Kischk: ein Produkt aus getrocknetem Weizen und Joghurt, das eher im Iran, begrenzt aber auch in der libanesischen Küche Verwendung findet. Es ist in Päckchen und Gläsern erhältlich und muß mit Wasser angerührt werden, bevor man es für Dips oder *manakisch bi sa'tar* verwenden kann (ein pizza-ähnlicher Boden mit einem Belag aus *kischk*, Thymian und Olivenöl, eine Variante von *lahm bi adjina*, s. Seite 44).

Malbalm: Braunrosafarbene, längliche Stangen von wachsartigem Aussehen. Sie bestehen aus Traubensaft, der zu einer gummiartigen Konsistenz eingekocht und mit Nüssen vermischt wird. Sie werden als Süßwaren

Hummus, garniert mit Paprika und Petersilie

Süß gewürzte Pistazien

KULINARISCHE SCHÄTZE 13

im Straßenverkauf und in Geschäften angeboten. In westlichen Läden erhältliche Ware stammt größtenteils aus Zypern.

Mughrabija: Winzige Grießkugeln, die getrocknet päckchenweise verkauft und zum Andicken libanesischer Hühnersuppe verwendet werden. Dieses Produkt findet man nicht in libanesischen Restaurants oder bei festlichen Abendessen, sondern eigentlich nur auf dem Land. Es ist mit Perl-Tapioka vergleichbar.

Nüsse: Allergrößter Beliebtheit erfreuen sich im Libanon Pistazien *(fustuq)* und Pinienkerne *(sunuba)*. Sie werden für eine Vielzahl von Gerichten verwendet, von *mazza* bis zu Süßigkeiten und Desserts. Beliebt sind auch Mandeln *(lohz)*, Cashewnüsse *(kadju)* und Walnüsse *(ingamal)*.

Öle: Das wichtigste Kochfett, das libanesische Köche neben *samna* verwenden, ist Olivenöl. Weniger aromatische Öle wie etwa Sonnenblumenöl werden nur selten verwendet. Ein traditionelles Kochfett ist das *alja*. Es stammt von Mastschafen und war einst in den Bergen und Wüstenregionen der Levante sehr beliebt; heute findet es dagegen weit weniger Verwendung.

Phyllo (Filo): *Phyllo* ist ein Teig aus Mehl, Wasser und Öl, der aus dem alten Griechenland stammt. Er wird hauchdünn ausgerollt und sowohl für süße als auch für pikante Backwaren verwendet, wie zum Beispiel *sambusak* und *baqlawa*. Er ist zu Hause schwierig herzustellen, wenn man keine Erfahrung mit der Zubereitung hat. *Phyllo* ist in Form von großen Teigblättern erhältlich.

Samna: Hierbei handelt es sich um geklärte Butter. Im Libanon hat sie ein spezielles Aroma, weil dort die Butter gewöhnlich aus Schafsmilch (seltener aus Ziegenmilch) besteht. Bei Verwendung von Kuhmilch gleicht die Butter dem indischen *ghee*, hat aber dennoch einen kräftigeren Geschmack. *Samna* entstammt aus der Zeit, als man noch keine Kühltechniken kannte. Aufgrund ihrer speziellen Herstellungsmethode hält sie sich über mehrere Monate und verträgt höhere Temperaturen als normale Butter. Wenn in einem traditionellen Rezept *samna* als Zutat angegeben ist, kann sie in den meisten Fällen durch eine Mischung aus Butter und Öl ersetzt werden, wenngleich dieser die kräftige Note von *samna* fehlt.

Schawarma: Hoch aufgetürmtes, in Scheiben geschnittenes Lammfleisch und Fett, das auf einem senkrechten Drehspieß in einem Grill kreisend gegart wird, ähnlich dem *döner kebab* und dem griechischen Gyros. Die dünnen, fertig gegrillten Fleischscheiben werden mit Zwiebeln und einer würzigen Sauce garniert und in arabisches Fladenbrot gefüllt. Es wird in speziellen Imbißbars und an Straßenständen verkauft.

Tahina: Paste, die aus geröstetem und gemahlenem Sesam, Olivenöl, Zitronensaft und Knoblauch bereitet wird. Diese Grundzutat der libanesischen und arabischen Küche kann zu Hause hergestellt werden, wird aber meist fertig zubereitet in Gläsern (besser in Dosen) verkauft. Man verwendet sie für Dips und andere Gerichte, doch sie ist auch pur als Dip sehr schmackhaft.

Wein und Bier: Die Bekaa-Ebene ist das Zentrum des libanesischen Weinanbaus. Die besten Weine sind *Château Musar*, ein schwerer, dunkler Rotwein, und die Roséweine *Château Kefraya* und *Domaine des Tourelles*. Die populärsten libanesischen Biere sind *Almaza* und *Laziza*.

Weinblätter: Im Libanon gedeiht der Wein üppig um Türen und Veranden, so daß stets frische Weinblätter zubereitet werden können. Im Ausland sind sie meist nur in Salzlake eingelegt in Folie oder Dosen erhältlich. In diesem Fall müssen sie vor dem Verzehr eingeweicht und abgetropft werden.

Würste: Levantinische Würste werden gewöhnlich aus Lamm- oder Rindfleisch hergestellt und sind zum Grillen gedacht. Zu ihnen gehören *makana* und die sehr pikante, getrocknete *sudjuk*, die auch in Scheiben geschnitten und *batatis harras* (Bratkartoffeln, s. Seite 101) oder Gemüsegerichten beigegeben wird, um den Geschmack zu heben.

Gurken-Joghurt-Speise

14 LIBANESISCHE KÜCHE

DER LIBANESISCHE KRÄUTERGARTEN

*Die am häufigsten benutzten Kräuter

Koriander

***Koriander** *(kuzbarak)*: Obwohl dieses Kraut der glattblättrigen Petersilie sehr ähnlich ist, hat es ein schärferes Aroma, das zu allen pikanten gegarten Gerichten, Salaten und *mazza* paßt.

Dill *(shabeth)*: In trockenem Klima heimisch; Doldenblütler mit zarten Blättern, der sich gut zum Aromatisieren von Fisch und Salaten, eignet.

Majoran

Wilder Majoran *(rigani)*: Im Libanon verwendet man die Wildform lieber als Gartenmajoran. Wilder Majoran verleiht Marinaden für *kebab* und einigen Schmortöpfen ein pfefferähnliches Aroma.

***Minze** *(na'na)*: Krauseminze und Pfefferminze wachsen überall im Nahen Osten in großen Mengen; sie sind die beiden Minzsorten, die in der Küche am meisten verwendet werden. Frische Minze gibt man in Tee, Salate und zu Fleischgerichten, besonders gut eignet sie sich für Gurken- und Lammgerichte. Überall, auch in Marokko und in der Türkei, sieht man in den Hauptstraßen Esel mit großen Tragkörben, aus denen die Minze quillt.

***Petersilie** *(bagdunish)*: Im Nahen Osten wird nur glattblättrige Petersilie verwendet, weil sie einen kräftigeren Geschmack als krause Petersilie haben soll.

Senf und Kresse *(barbe'en)*: Mit jungen zweiblättrigen Pflänzchen, die einen scharfen Geschmack haben, werden Salate und Garnituren verfeinert.

Salbei

Salbei *(maraniyeh)*: Salbei wird Marinaden für *kebab*, Braten und Füllungen beigegeben. Das Kraut hat ein dehr dominantes Aroma.

Thymian

Thymian *(za'atar)*: Verleiht Füllungen und Eintöpfen ein spezielles Aroma, wird im Nahen Osten aber nicht so oft verwendet wie im westlichen Mittelmeerraum.

KULINARISCHE SCHÄTZE

DER LIBANESISCHE GEWÜRZSCHRANK

*Die am häufigsten verwendeten Kräuter

Piment

***Anis** (yansoun):* wird zum Aromatisieren von *arak* (s. Seite 12), für pikante Gerichte und Süßwaren verwendet.

Chilis *(bisbas):* Frische grüne Chilies werden in Körbchenen mit Gemüse zu Beginn der libanesischen Mahlzeit gereicht. Aber Vorsicht, sie sind ungeheuer scharf! Grüne Chilies und getrocknete rote Chilies werden auch in einigen pikanten Gerichten verwendet, aber nicht so häufig wie z.B. in der nordafrikanischen Küche.

*Kardamom *(hab'han):* Für pikante Gerichte nimmt man die frischen grünen Kardamomfrüchte. Mit den schwarzen gemahlenen Samen wird Kaffee aromatisiert.

Kirschkerne *(mahlab):* Dieses typisch arabische Gewürz wird aus dem hellbraunen Samen aus den Steinen von Schwarzkirschen gewonnen. Die Samen erhält man im Handel, müssen aber noch gemahlen werden. Hauptsächlich finden sie in der syrischen und iranischen Küche Verwendung, teilweise werden aber auch libanesisches Gebäck und Brote damit aromatisiert.

Kreuzkümmel *(kammun):* Kreuzkümmel wird im Libanon in einigen Gegenden angebaut und für Salate, Fleischgerichte und Marinaden verwendet.

Kümmel *(karawayeh):* Mit den Früchten des Kümmels, eines Anis-Verwandten, werden Salate und pikante Gerichte, z. T. auch arabische Backwaren verfeinert.

Kümmel

Kurkuma *(kurkum):* Wie Safran verwendet man Kurkuma sparsam zur Gelbfärbung von Reisgerichten. Er hat einen bitteren Geschmack und eine grellere Farbe als Safran.

Libanesische Gewürzmischung: Für sie gibt es weder einen feststehenden Namen noch ein Standardrezept. Jeder Koch bereitet sie nach seinem Geschmack zu, jedoch immer frisch kurz vor Gebrauch, damit die vollen Aromen verschmelzen können. Sie kann beispielsweise aus 4 Teilen gemahlenem Zimt, 1 Teil gemahlenen Nelken, 1 Teil Chilipulver und 1 Teil grünen Kardamomfrüchten bestehen.

Muskatnuß *(jawajz a'tib):* Die Muskatnuß wird in gemahlener oder geriebener Form süßen und pikanten Gerichten beigegeben, häufiger verwendet man dazu aber Piment (s. Seite gegenüber).

LIBANESISCHE KÜCHE

Schwarzer Pfeffer *(filfil aswad)*: ist in der arabischen Küche ebenso beliebt wie im Westen.

Sumach *(sumac)*: Dieses Gewürz wird aus den zerstoßenen Samenkörnern des Sumachstrauches gewonnen. Man findet es vor allem in der iranischen Küche, aber auch in dem libanesischen Gericht *fata'ir* (s. Seite 41). Teilweise wird es wie Pfeffer verwendet und auf Salate und pikante Gerichte gegeben. *Sumach* hat ein bitteres, gewöhnungsbedürftiges Aroma.

*****Zimt** *(kirfy)*: Zimtstangen sind die getrocknete Innenrinde des Zimtbaumes, die sich beim Abschälen rollt. Schon lange vor der Kreuzfahrerzeit war Zimt in der Levante eine wichtige Handelsware. Er wird in zahlreichen libanesischen Gerichten verwendet, von *mazza*, über Gebäck bis zu Desserts.

Nelken

Nelken *(kabsh kurnful)*: Wie Zimt sind diese getrockneten Blütenknospen in der libanesischen Küche eine wichtige Zutat sowohl für Süßwaren als auch für Pikantes.

Paprika *(filfil hilu)*: Ist im Libanon nicht so beliebt. Am häufigsten verwendet man Paprika zum Garnieren.

*****Piment** *(bahar halibu)*: ist wohl das Hauptgewürz der libanesischen Küche. Die kleinen Beeren des Pimentbaumes scheinen die Aromen von Nelken, Zimt und Muskatnuß in sich zu vereinen. Da man im Libanon jedoch alle drei schätzt, wird Piment oft als Ersatz oder auch in Kombination mit ihnen verwendet.

Safran *(za'faran)*: ein in der libanesischen Küche seltenes Gewürz; es dient hauptsächlich zur Gelbfärbung von Reis.

Kurkuma

KULINARISCHE SCHÄTZE 17

MENÜVORSCHLÄGE

SOMMERLICHES MITTAGSMENÜ
Gekühlte Artischockensuppe

◆

Zitronen mit Sardinenfüllung *(hamid mahschi wa sardin)*
Gefüllte Weinblätter *(waraq inab)*

◆

Rindfleisch-Graupen-Salat
Ful mudammas

◆

Joghurt-Orangen-Kuchen

**VEGETARISCHES MITTAGSMENÜ MIT
WARMEN UND KALTEN SPEISEN**
Käsebällchen *(schanklisch)*
Avocado bi tahina mit arabischem Brot *(chubz)* oder
pitta-Brot
Oliven nach Beiruter Art

◆

Kichererbsenbällchen *(falafel)*
Pikante *baqlawa*
Libanesischer Brotsalat *(fattoush)*

◆

Gemüseauflauf *(musaka)*
Linsen mit *Bulgur* *(imdjadra)*

◆

Orangensorbet
Makronen mit Pinienkernen

ABENDESSEN FÜR FISCHLIEBHABER
Spinat-Joghurt-Suppe *(labanija)*

◆

Muscheln aus Tyrus

◆

Gefüllter Fisch *(samak harrah)*
Kartoffeln mit Kichererbsen *(batatis bi hummus)*

◆

Grapefruit-Avocado-Salat

◆

Nuß-Sirup-Kuchen *(baqlawa)*

**KLASSISCHES LIBANESISCHES MENÜ
FÜR 10 PERSONEN**
Scharfe Nußmischung *(muhumura)*
Hummus bi tahina
Kaltes Auberginenpüree *(mutabbal)*
Cremiger Joghurt-Dip *(labna)*
Alle Speisen mit arabischem Brot *(chubz)* oder
pitta-Brot

◆

Gefüllte Lammfleischbällchen *(kubba bi schamija)*
Gebackene Käsefladen
Gegrillte Sardinen
Mixed Pickles *(kabis)*

◆

Bulgur-Kräuter-Salat *(tabbula)*
Süßsaure Aubergine *(bazinjan rahib)*

◆

Libanesisches Shish kebab *(lahm maschwi)*
Hühnerflügel mit Knoblauch *(djawanih)*
Pilaw-Reis

◆

Joghurt mit Honig und Mandeln

SCHLICHTE FAMILIENMAHLZEIT
Libanesische Suppe von Frühlingsgemüsen

◆

Schmorfleisch mit Okras *(bamia masluq)*
Linsen und Reis *(mudardara)*

◆

Grieß-Zitronen-Kuchen *(basbusa)*
Zimt-Eis

PARTY-BÜFETT
Gewürzte Mandeln *(lohz)*
Trockenaprikosen und Käse
Gefüllte Bekaa-Radieschen
Kalmar im Mandelmantel
Fruchtig-pikante Fleischbällchen mit Joghurt-Gurken-Sauce
Kleine Spinattaschen *(fata'ir)*
Gefüllte Fischbällchen *(kubba samak)*
Zucchiniküchlein *(agga bi kusa)*

GEKÜHLTE ARTISCHOCKENSUPPE

FÜR 6 PERSONEN

Die distelähnliche Artischocke gedeiht auf den sandigen, ärmeren Böden jenseits der Bekaa-Ebene, dem Hauptanbaugebiet für Gemüse. Im Libanon würde man für dieses Gericht kleine, ganze Artischocken verwenden; in Ländern, in denen kein solcher Überfluß herrscht, können aber auch tiefgekühlte Artischockenböden oder hochwertige Konserven verwendet werden.

- *1,2 l Hühnerbrühe*
- *10 bis 12 Artischockenböden, tiefgekühlt oder in Salzlake aus der Dose, abgetropft und grobgehackt*
- *100 ml Sahne*
- *4 TL Zitronensaft*
- *Salz und frisch gemahlener Pfeffer*
- *Cayennepfeffer*
- *1 kleine rote Paprikaschote, entkernt und feingehackt*
- *8 Frühlingszwiebeln, nur weiße Teile, feingehackt*

In einem großen Topf die Hühnerbrühe und die gehackten Artischockenböden zum Kochen bringen, dann die Temperatur reduzieren. Abgedeckt ca. 10 Min. köcheln lassen. Von der Kochstelle nehmen und die Mischung portionsweise im Mixer oder in der Küchenmaschine pürieren. Durch ein Sieb in eine große Schüssel streichen und ein wenig abkühlen lassen. Sahne und Zitronensaft hineinrühren, dann Salz, Pfeffer und Cayennepfeffer nach Geschmack zugeben. Abdecken und über Nacht kalt stellen.

Vor dem Servieren die Suppe abschmecken. Die Suppe auf sechs Schalen verteilen und, mit gehackter roter Paprikaschote und Frühlingszwiebel bestreut, servieren.

LINSENSUPPE MIT KNOBLAUCH UND ZWIEBELN
SCHURIT ADAS

FÜR 6 BIS 8 PERSONEN

Linsen sind ein Grundnahrungsmittel der ländlichen Küche im Libanon und des Nahen Ostens allgemein. Für Suppen verwendet man meist die kleinen roten Linsen, da sie schnell weich werden und ein etwas feineres Aroma haben als andere Sorten.

- *450 g rote Linsen, gewaschen und abgetropft*
- *2,5 l Rinder- und Lammfleischbrühe*
- *2 große Zwiebeln, gehackt*
- *2 Stangen Staudensellerie, gehackt*
- *1 große Fleischtomate, geschält, entkernt und gehackt*
- *2 EL samna*
- *Salz und frisch gemahlener Pfeffer*
- *¹/₂ EL Kreuzkümmel, gemahlen*
- *1¹/₂ EL tarator bi zada (s. Seite 111)*
- *geviertelte Zitronen*

In einem großen Topf die Brühe zum Kochen bringen. Die Linsen, die Hälfte der gehackten Zwiebeln, Staudensellerie und Tomate hinzufügen. Den Topfinhalt wieder zum Kochen bringen, dann die Hitze reduzieren. Mit aufgelegtem Deckel etwa 50 Min. köcheln lassen.

In der Zwischenzeit in einer kleinen Bratpfanne die Hälfte der *samna* bei mittlerer Hitze zerlassen. Die restlichen Zwiebeln hinzufügen und unter ständigem Rühren sanft sautieren, bis sie weich und karamelisiert sind. Von der Kochstelle nehmen und beiseite stellen.

Wenn Linsen und Gemüse weich sind, die Suppe portionsweise im Mixer oder in der Küchenmaschine pürieren. Dann die Suppe wieder in den Topf geben, nach Geschmack salzen, pfeffern sowie Kreuzkümmel und *tarator bi zada* hinzufügen. Unter Rühren etwa 5 Min. erhitzen. Kurz vor dem Servieren die restliche *samna* untermischen.

Die Suppe auf Schalen verteilen und mit den gebräunten Zwiebeln bestreuen. Zitronenviertel dazureichen und den Saft in die Suppe träufeln.

LIBANESISCHE KÜCHE

GURKENSUPPE MIT KREUZKÜMMEL

FÜR 6 PERSONEN

Dieses wunderbare Suppengericht für heiße Sommertage ist die libanesische Version einer Suppe, die im gesamten Nahen Osten, in der Türkei und auf dem Balkan äußerst beliebt ist.

- *1/2 TL Kreuzkümmelsamen*
- *etwa 500 g Salatgurke, geschält, entkernt und gehackt*
- *2 kleine Knoblauchzehen, zerstoßen*
- *250 ml Buttermilch*
- *Salz und frisch gemahlener Pfeffer*
- *6 dünne Zitronenscheiben*

Die Kreuzkümmelsamen auf einem Backblech verteilen und unter dem Grill rösten, bis sie leicht gebräunt sind. Kreuzkümmel, Gurke, Knoblauch und Buttermilch in den Mixer oder die Küchenmaschine geben und glattpürieren.

Die Suppe in eine große Schüssel gießen, nach Geschmack salzen und pfeffern und für mehrere Stunden kalt stellen. Die Suppe in Schalen mit einer Zitronenscheibe darauf servieren.

SPINAT-JOGHURT-SUPPE
LABANIJA

FÜR 6 PERSONEN

Diese Suppe, die in Ägypten, Jordanien und im Libanon sehr beliebt ist, wird meist mit Rübenblättern zubereitet, die ihr einen leicht säuerlichen Geschmack verleihen. Falls man, wie hier, Spinat verwendet, kann man durch einen Spritzer feinen Weißweinessig diesem Aroma sehr nahe kommen.

- *1 Knoblauchzehe, zerstoßen*
- *500 g griechischer Joghurt*
- *eine große Prise Kurkuma*
- *3 EL Olivenöl*
- *1 große Zwiebel, feingehackt*
- *450 g Spinatblätter, gewaschen und in feine Streifen geschnitten*
- *2 kleine Porreestangen, feingehackt*
- *100 g Langkornreis*
- *1,5 l Gemüsebrühe*
- *3 EL Weißweinessig (am besten Champagneressig)*
- *Salz und frisch gemahlener Pfeffer*

In einer Schüssel Knoblauch, Joghurt und *Kurkuma* verschlagen und dann beiseite stellen, damit die Aromen verschmelzen können.

In einem großen Schmortopf das Olivenöl erhitzen, dann die Zwiebel hineinrühren. Die Zwiebel sautieren, bis sie weich und leicht gebräunt ist; Spinat, Porree und Reis hineinrühren. Wenn der Spinat zusammengefallen ist, Gemüsebrühe und Essig beigeben. Nach Geschmack salzen und pfeffern. Den Topfinhalt zum Kochen bringen, dann die Hitze reduzieren. Abgedeckt etwa 15 bis 20 Min. köcheln lassen, bis der Reis gar ist.

Erst kurz vor dem Servieren die Suppe vom Herd nehmen. Die Joghurtmischung unterschlagen, dann sofort in Teller schöpfen.

HÜHNER-ZITRONEN-SUPPE

FÜR 6 PERSONEN

Auf dem Land haben Hühner überwiegend freien Auslauf, und da man ihre Eier sehr schätzt, werden die Tiere meist sehr alt. Sie landen schließlich in Suppen wie dieser.

- 1 Suppenhuhn aus Freilandhaltung 1,5 bis 2 kg, zerlegt
- 750 ml Hühnerbrühe
- 1 mittelgroße Zwiebel, gehackt
- 2 große Fleischtomaten, geschält, entkernt und gehackt
- 1 EL frische Estragonblätter
- 1 TL abgeriebene Zitronenschale
- Salz und frisch gemahlener Pfeffer
- 2 festkochende Kartoffeln, geschält und in kleine Stücke geschnitten
- 250 g Okras, geputzt
- 50 g Jalapeño-Chilis aus dem Glas, gehackt
- 100 g Tiefkühlmais
- Saft von 1 Zitrone
- glattblättrige Petersilie, gehackt
- Paprika

In einem großen Schmortopf Hühnerteile (mit Ausnahme der Brust), Brühe, Zwiebel, Tomaten, Estragon und abgeriebene Zitronenschale verrühren und 750 ml Wasser dazugeben. Die Zutaten nach Geschmack salzen, pfeffern und zum Kochen bringen. Die Hitze reduzieren und den Topfinhalt abgedeckt 20 Min. köcheln lassen. Die Hühnerbrust dazugeben und alles weitergaren, bis die Hühnerbrust gerade gar ist. Das Fleisch mit dem Schaumlöffel aus der Suppe nehmen und zum Abkühlen beiseite stellen.

Kartoffeln in die Suppe geben und bei aufgelegtem Deckel etwa 25 Min. köcheln lassen, bis sie gar sind. Nach 10 Min. die Okras hinzufügen.

Wenn die Hühnerteile ausreichend abgekühlt sind, das Fleisch von den Knochen lösen und die Haut wegwerfen. Das Fleisch in kleine Stücke schneiden und zusammen mit den Chilis und dem Mais in die Suppe geben. Den Topfinhalt wieder zum Kochen bringen, dann die Hitze reduzieren. Die Suppe schließlich noch einmal 5 Min. kochen lassen. Den Zitronensaft hineinrühren und die Suppe, mit Petersilie und Paprika nach Geschmack garniert, sofort servieren.

SUPPEN 23

LIBANESISCHE SUPPE VON FRÜHLINGSGEMÜSEN

FÜR 6 PERSONEN

Während der Saison der Frühlingsgemüse – besonders der sehr beliebten dicken Bohnen – werden von ihnen schmackhafte Suppen zubereitet; z.B. dieses Rezept, in dem Einflüsse sephardischer Juden spürbar werden, die einst durch den Libanon zogen.

- 1,5 l Hühnerbrühe
- 1 rote Zwiebel, feingehackt
- 2 kleine Knoblauchzehen, zerdrückt
- 2 Stangen Staudensellerie, feingehackt
- Salz und frisch gemahlener Pfeffer
- 2 Stangen Porree, geputzt und in dünne Streifen geschnitten
- 5 Artischockenherzen, gehackt
- 300 g dicke Bohnen, enthülst
- 4 EL Minze, feingehackt
- 4 EL frischer Koriander, feingehackt
- 4 EL glattblättrige Petersilie, feingehackt
- Cayennepfeffer
- pitta-Brot, längs halbiert, getoastet und in Stücke gezupft

In einem großen Topf Hühnerbrühe, Zwiebel, die Knoblauchzehen, Sellerie sowie nach Geschmack Salz und Pfeffer vermischen. 350 ml Wasser hinzufügen und den Topfinhalt zum Kochen bringen; dann die Hitze reduzieren. Etwa 15 Min. köcheln lassen.

Porree, Artischockenherzen und dicke Bohnen zugeben und etwa 30 Min. köcheln lassen, bis die Bohnen gar sind. Vom Herd nehmen und frische Kräuter und Cayennepfeffer nach Geschmack hineinrühren.

Die Kräuter einige Minuten in der Suppe ziehen lassen. Dann die getoasteten Brotstücke in die Suppe streuen und servieren.

TOMATEN-KORIANDER-SUPPE

FÜR 6 PERSONEN

Koriander wird in der libanesischen Küche viel verwendet. Er verleiht den Gerichten einen weit reizvolleres Aroma, als sein recht strenger Geruch vielleicht vermuten ließe. Hier das Rezept einer Sommersuppe, die im Libanon aus den saftig-fleischigen Tomaten der Täler des Landesinneren zubereitet wird. Sie eignet sich ausgezeichnet als Vorspeise zu Fisch- oder Geflügelgerichten.

- 1,5 kg reife, feste Tomaten, grobgehackt
- 200 ml Tomatensaft
- 3 EL frisch gepreßter Orangensaft
- 1 griechische oder italienische eingelegte Pfefferschote, entkernt
- 1 TL Zucker
- Eiswasser
- 4 EL frischer Koriander, feingehackt
- 200 ml griechischer Joghurt

Tomaten, Zwiebeln und Orangensaft mit Pfefferschote und Zucker im Mixer oder in der Küchenmaschine möglichst glatt pürieren. Dann das Püree mit einem Holzlöffel sorgfältig durch ein Sieb streichen. Mit soviel Eiswasser verdünnen, daß es eine suppenartige Konsistenz bekommt.

Den Koriander hineinrühren und die Suppe abgedeckt kalt stellen. Den Joghurt getrennt servieren, damit sich jeder Gast nach Belieben bedienen kann.

Libanesische Suppe von Frühlingsgemüsen

MELONENSUPPE
SCHURBA SCHAMAN

FÜR 6 PERSONEN

Auf den kleinen Höfen im Landesinnern gedeihen üppige Melonen aller Sorten; bis zur Nahostkrise gehörten sie zu den wichtigsten Exportgütern. Im besten Reifezustand werden sie einfach in Hälften oder Viertel geschnitten. Für diese raffinierte zweifarbige Suppe eignen sich auch leicht überreife Früchte.

- *2 große Ogen- oder Honigmelonen, geschält, entkernt und gehackt*
- *4 EL Limettensaft*
- *4 EL Zucker*
- *2 große Kantaloupe-Melonen, geschält, entkernt und gehackt*
- *4 EL Zitronensaft*
- *150 ml griechischer Joghurt*
- *Zimt, gemahlen*
- *Minzeblätter*

Zuerst die Ogen-Melonen mit dem Limettensaft und den 2 EL Zucker im Mixer oder in der Küchenmaschine glattpürieren. In einen Krug gießen, abdecken und kalt stellen.

Mixer oder Küchenmaschine reinigen. Die Kantaloupe-Melonen, Zitronensaft und restlichen Zucker hineingeben und pürieren. In einen Krug gießen, abdecken und kalt stellen.

Zum Servieren die Melonenpürees aus beiden Krügen gleichzeitig jeweils von zwei Seiten in den Suppenteller gießen. So breitet sich auf dem Teller eine zweifarbige Suppe aus. Auf jeden Teller einen Schlag Joghurt geben und etwas Zimt darüberstreuen. Mit Minzeblättern garniert servieren.

LIBANESISCHE KÜCHE

VORSPEISEN UND SALATE
MAZZA WI SALAT

PIKANTE NUSSMISCHUNG
DUKKA

ERGIBT 350 G

Dukka ist ein traditionelles ägyptisches Gericht, das sich über den östlichen Mittelmeerraum ausgebreitet hat. Für die Kombination der Gewürze oder die Menge der verwendeten Nüsse gibt es keine festen Regeln. In einfacheren Haushalten bereitet man das Gericht mit Kichererbsen zu.

- *150 g Haselnußkerne oder eingeweichte Kichererbsen*
- *75 g Sesam*
- *75 g Koriandersamen*
- *50 g Kreuzkümmelsamen*
- *Salz und frisch gemahlener Pfeffer*
- *1 TL Thymian, getrocknet*
- *1 TL Majoran, getrocknet*
- *Zitronenschale, getrocknet*

Den Backofen auf 180° (Gasherdstufe 2–3) vorheizen. Haselnüsse oder Kichererbsen auf einem Backblech etwa 8 Min. goldbraun rösten; darauf achten, daß sie nicht anbrennen. Dann in die Küchenmaschine geben.

Sesam, Koriander und Kreuzkümmel auf dem Backblech verteilen und etwa 5 Min. rösten. Herausnehmen und in den Mixer oder die Küchenmaschine geben. Salz und Pfeffer nach Geschmack, Thymian, Majoran und Zitronenschale hinzufügen. Nüsse und Samen vor dem Mahlen so weit abkühlen lassen, daß sie noch leicht warm sind, sonst macht das Öl der Nüsse die Mischung zu feucht. Das Gerät kurz ein- und ausschalten, bis die Mischung grobgemahlen ist. Dann mit arabischem Brot *(chubz)* servieren. *Dukka* ist, wenn Sie es luftdicht verschließen, etwa eine Woche haltbar.

AVOCADO BI TAHINA

ERGIBT 450 ML

Diese Vorspeise steht im Libanon immer dann auf der Tagesordnung, wenn reife Avocados den Markt überschwemmen – in libanesischen Restaurants im Ausland findet man sie aber seltener.

- *2 Knoblauchzehen, zerstoßen*
- *Salz*
- *2 reife Avocados*
- *Saft von 2 Zitronen*
- *5 EL tahina (Sesampaste)*
- *1 TL Kreuzkümmel, gemahlen*
- *rote Chilischoten, zerstoßen*

In einer Schüssel Knoblauch mit Salz nach Geschmack vermischen. Avocados halbieren und die Steine entfernen. Das Fleisch herauslösen und in die Schüssel geben. Mit Salz, Knoblauch und etwas Zitronensaft vermischen, bis keine Klumpen mehr da sind. Den restlichen Zitronensaft, Sesampaste und gemahlenen Kreuzkümmel unterschlagen, bis ein weiches Püree entstanden ist.

Das Püree in einer Schüssel anrichten und mit etwas zerstoßener Chilischote bestreuen. Mit arabischem Brot *(chubz)* oder *pitta*-Brot servieren.

LIBANESISCHE KÜCHE

GEWÜRZTE MANDELN
LOHZ

ERGIBT ETWA 350 G

Nüsse spielen in der Küche der Levante eine wichtige Rolle und werden für Vorspeisen, Hauptgerichte und Desserts verwendet. Sowohl pikante als auch gesüßte Nüsse dienen als *mazza* **oder Snack.**

- *3 EL Sonnenblumenöl*
- *275 g ganze Mandeln, blanchiert*
- *150 g hellbrauner Zucker*
- *2 TL Kreuzkümmel, gemahlen*
- *1 TL Chilis, zerstoßen*
- *Salz (nach Geschmack)*

Das Öl bei mittlerer Temperatur erhitzen. Die Mandeln mit 100 g Zucker hineinrühren. Mandeln gut im Zucker wälzen, dann karamelisieren lassen.

Die Mandeln in eine Schüssel geben und mit Kreuzkümmel, Chilis und Salz nach Geschmack vermischen. Die Nüsse zum Trocknen auf einem Backblech verteilen. Solange sie noch warm sind, mit etwa einem Löffel des restlichen Zuckers bestreuen. Warm oder mit Zimmertemperatur servieren.

Luftdicht verschlossen, sind die Mandeln einige Wochen haltbar.

VORSPEISEN UND SALATE

WÜRZIG-SÜSSE PISTAZIEN
FOSTU

ERGIBT 300 G

Dies ist eine der zahllosen herzhaft-nussigen Knabbereien, wobei hier der Akzent auf der Süße liegt.

- 275 g Pistazienkerne, gesalzen
- 100 g Zucker
- 1 TL Muskatblüte, gemahlen
- 1 TL Zimt, gemahlen

Die Pistazien ohne Öl in eine Pfanne geben und unter häufigem Rühren erhitzen, bis sie goldbraun sind – dies dauert etwa 4 bis 5 Min. Erst den Zucker, dann die Gewürze darüberstreuen. Weiter rühren, bis die Pistazien karamelisiert sind.

Die Pistazien von der Kochstelle nehmen und mit einem Löffel zum Trocknen auf Alufolie oder ein Backblech geben. Sie werden dabei zusammenkleben, können aber problemlos wieder auseinandergebrochen werden.

Die Pistazien sind in einem luftdicht verschlossenen Behälter einige Wochen haltbar.

GRÜNE BOHNEN IN OLIVENÖL
LUBBIA BI ZAIT

FÜR 6 PERSONEN

Grüne Bohnen in Olivenöl sind im Libanon äußerst populär; sie werden heiß, warm oder kalt serviert – meistens jedoch kalt.

- *500 g grüne Bohnen, geputzt, evtl. die Fäden entfernt*
- *5 EL Olivenöl*
- *1 mittelgroße Zwiebel, feingehackt*
- *3 Knoblauchzehen, zerstoßen*
- *200 g Eiertomaten aus der Dose, abgetropft und gehackt*
- *1 getrocknete Chilischote, zerstoßen*
- *Salz und frisch gemahlener Pfeffer*
- *Cayennepfeffer*

In einem Topf Wasser zum Kochen bringen. Die Bohnen in etwa 5 cm lange Stücke schneiden, ins Wasser geben und bei aufgelegtem Deckel 5 Min. köcheln lassen. Gut abtropfen lassen.

Das Öl in einer Pfanne erhitzen. Die Zwiebel 5 bis 6 Min. braten, bis sie durch ist, sich aber noch nicht verfärbt hat. Den Knoblauch hinzufügen und 2 Min. umrühren. Tomaten, zerstoßene Chilischote und Bohnen hineinrühren. Mit Salz, Pfeffer und Cayennepfeffer nach Geschmack würzen. Das Gericht in eine Servierschüssel geben und abkühlen lassen. Entweder mit Zimmertemperatur oder gekühlt servieren.

LIBANESISCHER BROTSALAT
FATTOUSH

FÜR 6 PERSONEN

Dieser Salat wird als gern als Alternative zu *tabbula* (s. Seite 56) serviert – eine wirklich erfrischende Abwechslung.

- *2 große Fladen chubz- oder pitta-Brot, getoastet*
- *Saft von 1 Zitrone*
- *1 Salatgurke, entkernt und gewürfelt*
- *6 Frühlingszwiebeln, gehackt*
- *1 grüne Paprikaschote, entkernt und feingehackt*
- *4 Eiertomaten, entkernt, abgetropft und gehackt*
- *2 Knoblauchzehen, zerstoßen*
- *1 EL glattblättrige Petersilie, feingehackt*
- *1 EL Koriander, feingehackt*
- *120 ml Olivenöl*
- *Salz und frisch gemahlener Pfeffer*

Das getoastete Brot in kleine Stücke schneiden und in eine Schüssel geben. Saft einer halben Zitrone darübergießen und untermischen. Für 5 Min. beiseite stellen.

In einer größeren Schüssel alle anderen Zutaten mit Salz und Pfeffer nach Geschmack vermengen. Die Zutaten vorsichtig durchheben, dann das Brot und den restlichen Zitronensaft hinzufügen. Zum Schluß den Salat noch einmal durchheben und sofort servieren.

VORSPEISEN UND SALATE

SCHARFE NUSSMISCHUNG
MUHUMURA

ERGIBT 250 G

Diese typisch libanesische Nußmischung schmeckt verblüffend würzig. Das Aroma kann zunächst gewöhnungsbedürftig sein – doch später scheint es unwiderstehlich.

- *100 g Walnußkerne, abgezogen*
- *100 g Pinienkerne*
- *1 EL Sonnenblumenöl*
- *1 Knoblauchzehe, feingehackt*
- *10 Radieschen, geputzt und feingehackt*
- *2 kleine, frische grüne Chilis, entkernt und feingehackt*
- *4 Frühlingszwiebeln, feingehackt*
- *1 TL Sesamöl*
- *Cayennepfeffer*
- *Salz*

Die Walnüsse im Mörser portionsweise fein zerstoßen, ebenso die Pinienkerne (oder die Nüsse mit einem scharfen Messer hacken und mit einem Nudelholz noch feiner zerdrücken). Beiseite stellen.

In einer Pfanne das Sonnenblumenöl auf mittlere Temperatur erhitzen. Knoblauch sowie gehackte Radieschen und Chilis hineingeben und mehrere Minuten sautieren; dabei darauf achten, daß der Knoblauch nicht anbrennt. Die Nüsse hinzufügen und 1 bis 2 Min. im Öl schwenken, dann Frühlingszwiebeln und Sesamöl hineinrühren. Die Zutaten 1 Min. durchheben, anschließend mit Cayennepfeffer und Salz nach Geschmack würzen. Zum Abkühlen in eine Schüssel füllen. Mit arabischem Brot *(chubz)* oder *pitta*-Brot servieren.

OLIVEN NACH ART BEIRUTS

Im Nahen Osten gibt es zahllose Olivensorten. Sie sind rund bis länglich, grün, violett oder schwarz. Sie werden in vielen Varianten in Salzlake, Essig und Öl eingelegt und sind eine typische Vorspeise. Diese Oliven hier haben ein zitronig-pikantes Aroma.

- *4 EL natives Olivenöl*
- *2 TL frisch gepreßter Zitronensaft*
- *2 Knoblauchzehen*
- *1 TL abgeriebene Zitronenschale*
- *1 TL Dillsamen*
- *400 g schwarze oder grüne Oliven aus der Dose, abgetropft und entsteint*

In einem Deckelgefäß das Olivenöl, Zitronensaft, Knoblauch, Zitronenschale und Dillsamen sorgfältig vermengen. Die Oliven hinzufügen und gut unterheben. Das Gefäß verschließen und für 3 bis 7 Tage kalt stellen.

LIBANESISCHE KÜCHE

KÄSEBÄLLCHEN
SCHANKLISCH

ERGIBT 25 BIS 30 STÜCK

Im Libanon wird *schanklisch* **immer mit** *gibna arish*, **einem gesalzenen, feta-ähnlichen Ziegenkäse, zubereitet. Ein guter Ersatz ist eine Mischung aus ungereiftem** *chèvre* **und** *Feta*.

- 250 g ungereifter chèvre-Käse
- 200 g Feta-Käse
- 1/2 TL Kreuzkümmel, gemahlen
- 1/4 TL Cayennepfeffer
- 3 EL Minze- oder Thymianblätter, feingehackt
- 4 EL Olivenöl

Die beiden Käse mit Kreuzkümmel und Cayennepfeffer in einer Schüssel zerdrücken und sorgfältig vermengen. Jeweils etwa 1 Löffel der Mischung zu einem mundgerechten Bällchen formen.

Die Bällchen in den gehackten Kräutern drehen und kalt stellen, bis sie fest geworden sind. Vor dem Servieren auf einer Platte anrichten und das Olivenöl darüberträufeln.

VORSPEISEN UND SALATE

APRIKOSEN-KÄSE-HAPPEN

ERGIBT ETWA 25 STÜCK

Bei diesem Rezept verrät die Verwendung von Mohn den Einfluß der Aschkenasim. Für ein stärkeres arabisches Aroma können die Aprikosen-Käse-Happen mit geröstetem Sesam oder Pinienkernen zubereitet werden.

- 225 g Doppelfrischrahmkäse
- 50 g Haselnußkerne, abgezogen
- 1 TL Pfeffer, frisch gemahlen
- $1/2$ TL Cayennepfeffer
- 25 Trockenaprikosen
- 4 EL Mohnsamen

Den Backofen auf 180° (Gasherdstufe 2–3) vorheizen. Den Frischrahmkäse in einer Schüssel cremig rühren. Die Nüsse auf einem Backblech verteilen und ungefähr 8 Min. rösten. Dann grobhacken und unter den Käse rühren. Die Mischung mit Pfeffer und Cayennepfeffer würzen und die Zutaten sorgfältig vermischen.

Die Aprikosen auf einem Teller anrichten und kleine Häufchen der Käsemischung daraufsetzen. Den Mohn leicht in den Käse eindrücken. 2 bis 3 Stunden kalt stellen, bis der Käse fest geworden ist.

GEFÜLLTE BEKAA-RADIESCHEN

ERGIBT ETWA 35 STÜCK

Die dicken Radieschen, die in den Tälern des Libanon gezogen werden, sind in Beirut eine beliebte Vorspeise.

- *450 g Radieschen*
- *100 g Frischrahmkäse oder labna-Joghurt-Dip (s. Seite 53)*
- *1 EL Kapern, gehackt*
- *75 g Kalamata-Oliven-Püree aus dem Glas, abgetropft*
- *2 EL glattblättrige Petersilie, feingehackt*
- *glattblättrige Petersilie zum Garnieren*

Die Radieschen putzen und an beiden Enden eine dünne Scheibe abschneiden, so daß sie aufrecht stehen. Halbieren und in eine Schüssel mit Eiswasser legen, damit sie knackig frisch bleiben. Mit einem scharfen Messer oder Kugelausstecher in jede Hälfte eine kleine Höhlung schneiden. Wieder in das Eiswasser legen, bis alle Radieschen ausgehöhlt sind. Dann herausnehmen und umgedreht auf Küchenpapier abtropfen lassen.

In einer Schüssel Käse, Kapern, Olivenpüree und gehackte Petersilie sorgfältig vermischen. Die Füllung entweder in die Radieschenhälften spritzen oder vorsichtig mit einem kleinen Löffel hineinsetzen und mit einer Gabel formen. Mit etwas Petersilie garnieren.

VORSPEISEN UND SALATE

HUMMUS

ERGIBT ETWA 500 ML

Eine leichte, frische Hummusversion, ohne den kräftigen Geschmack des Sesam. Dafür ist sie zitroniger und pikanter gewürzt. Die Libanesen streuen meist etwas gebratenes, gehacktes Lammfleisch darüber.

- *450 g Kichererbsen in Salzlake aus der Dose, gewaschen und abgetropft*
- *2 Knoblauchzehen, zerdrückt*
- *2 EL Olivenöl*
- *1 EL Sonnenblumenöl*
- *3 EL frisch gepreßter Zitronensaft*
- *Salz und frisch gemahlener Pfeffer*
- *½ TL Cayennepfeffer*
- *¼ TL Chilipulver*
- *2 EL Petersilie, gehackt*
- *100 g gehacktes Lamm- oder Rindfleisch, mit etwas Salz, Pfeffer (evtl. Zimt) gebraten*

In der Küchenmaschine Kichererbsen, Knoblauch und Olivenöl vermischen und fast ganz glattpürieren. Das Gerät ausschalten und die Masse von den Innenwänden abstreichen; dann Sonnenblumenöl, Zitronensaft, Salz und Pfeffer nach Geschmack sowie Gewürze und Petersilie hinzufügen.

Die Zutaten sehr glatt pürieren und evtl. etwas Wasser hinzufügen, damit das Püree etwas dünner wird. Anschließend in einer Schüssel anrichten und mit arabischem Brot *(chubz)* oder *pitta*-Brot servieren.

Falls Sie es wünschen, vor dem Servieren eine kleine Mulde in die Mitte des *hummus* machen und das mit Zimt gebratene Fleisch hineingeben.

LIBANESISCHE KÜCHE

HUMMUS BI TAHINA

ERGIBT ETWA 500 G

Dies ist die bekanntere Hummusversion, die man von Griechenland und der Türkei bis nach Ägypten findet. Durch den Sesam erhält sie ein rauchigeres Aroma als im vorigen Rezept (s. Seite gegenüber).

- *450 g Kichererbsen aus der Dose, gewaschen und abgetropft*
- *1 Knoblauchzehe, zerdrückt*
- *3 EL tahini (Sesampaste)*
- *1 TL Kreuzkümmel*
- *2 EL Olivenöl*
- *3 EL frisch gepreßter Zitronensaft*
- *Salz und frisch gemahlener Pfeffer*
- *Paprika*

In der Küchenmaschine aus Kichererbsen, Knoblauch, Sesampaste, Kreuzkümmel und 1 EL Olivenöl ein Püree herstellen. Die Masse von den Innenwänden abstreichen, Zitronensaft sowie Salz und Pfeffer nach Geschmack hinzufügen und das Gerät erneut einschalten, bis die Mischung glatt ist.

Das Püree in einer Schüssel anrichten und das restliche Olivenöl darüberträufeln. Mit Paprika bestreuen und mit arabischem Brot *(chubz)* oder *pitta*-Brot servieren.

KALTES AUBERGINENPÜREE
MUTABBAL

ERGIBT ETWA 500 G

Dieser Dip, der von den Arabern *baba ghannoj* genannt wird, vereinigt in sich zwei rauchige Aromen – das der gegrillten Aubergine und das der Sesampaste. *Mutabbal* gehört zu den libanesischen Vorspeisen, die sich bei Ausländern der größten Beliebtheit erfreuen, und ist heute schon in Delikatessenabteilungen vieler Supermärkte erhältlich.

- *2 mittelgroße Auberginen, halbiert*
- *Saft von 1 Zitrone*
- *2 Knoblauchzehen, zerdrückt*
- *3 EL tahini (Sesampaste)*
- *½ TL Kreuzkümmel, gemahlen*
- *Salz und frisch gemahlener Pfeffer*
- *1 EL glattblättrige Petersilie, gehackt*
- *schwarze Oliven*

Die Schale der halbierten Auberginen einstechen und die Auberginen mit der Schnittseite nach unten auf ein gefettetes Backblech legen. Unter den heißen Grill setzen und 15 bis 20 Min. garen, dabei zwischendurch nötigenfalls umdrehen, bis die Schale schwarz und blasig, und das Fleisch weich ist. Aus dem Backofen nehmen und in kaltes Wasser legen; dann sorgfältig schälen.

Das Auberginenfleisch in Stücke schneiden und in die Küchenmaschine geben. Frisch gepreßten Zitronensaft hinzufügen und das Gerät für einige Sekunden laufen lassen. Die Mischung von den Wänden abschaben und Sesampaste, Kreuzkümmel sowie Salz und Pfeffer nach Geschmack hinzufügen. Das Gerät erneut einschalten, bis ein glattes Püree entstanden ist.

Das Püree in eine Schüssel geben, abdecken und für kurze Zeit kühlen. Vor dem Servieren appetitlich anrichten und mit gehackter Petersilie und einigen Oliven bestreuen. Dazu arabisches Brot *(chubz)* oder *pitta*-Brot reichen.

VORSPEISEN UND SALATE 37

Gefüllte Weinblätter

38 LIBANESISCHE KÜCHE

GEFÜLLTE WEINBLÄTTER
WARAQ INAB

ERGIBT ETWA 25 STÜCK

Gefüllte Weinblätter werden im gesamten östlichen Mittelmeerraum von Griechenland bis nach Ägypten gern gegessen. Doch anders als die Menschen in den genannten Ländern bevorzugen die Libanesen eine fleischlose Füllung und schätzen diese Vorspeise kalt.

- *200 g abgepackte Weinblätter (etwa 35 Stück)*
- *4 EL Olivenöl*
- *1 große Zwiebel, feingehackt*
- *2 EL Pinienkerne*
- *50 g Langkornreis*
- *Salz und Pfeffer*
- *1 EL Rosinen oder Korinthen*
- *3 TL Minze, feingehackt*
- *1 TL Zimt*
- *Saft von 2 Zitronen*

Die Weinblätter auspacken, trennen, in ein großes Gefäß legen und kochendes Wasser darübergießen. Die Blätter für 15 Min. beiseite stellen, dann abtropfen lassen. Wieder in die Schüssel geben und kaltes Wasser darübergießen. Noch einmal 10 Min. beiseite stellen, dann auf Küchenpapier sorgfältig abtropfen lassen.

In einer großen Pfanne 1 EL Olivenöl erhitzen. Die Pinienkerne hinzufügen und etwa 4 Min. unter Rühren braten, bis sie goldbraun sind. Mit dem Schaumlöffel herausnehmen und beiseite stellen. Erneut 1 EL Olivenöl in die Pfanne geben, die Zwiebel hineinrühren und 5 bis 6 Min. braten. Wenn sie weich und leicht gebräunt ist, den Reis hinzufügen und nach Geschmack salzen. Umrühren, bis der Reis mit Öl überzogen ist, und mit 150 ml kochendem Wasser bedecken. Die Hitze reduzieren und Topfinhalt bei mittlerer Temperatur etwa 5 Min. garen. Von der Kochstelle nehmen und den Topf etwa 20 Min. stehen lassen, bis der Reis gar ist. Dann Rosinen, Pinienkerne, Minze und Zimt hineinrühren.

Ein Weinblatt flach auf die Arbeitsfläche legen. Dicht beim Stielende 2 EL Reismischung daraufsetzen und das Blatt einmal um die Mischung wickeln. Die Seiten zur Mitte einschlagen und das Blatt wie eine Art Zigarre ganz aufrollen. Zusammendrücken, um überschüssige Flüssigkeit zu entfernen. Alle Blätter auf die gleiche Weise füllen.

Eventuell übriggebliebene Weinblätter auf den Boden eines leicht gefetteten Schmortopfes legen. Die gefüllten Weinblätter nebeneinander darauflegen und den Zitronensaft darübergießen. Die Weinblätter mit heißem Wasser bedecken und mit 2 EL Olivenöl beträufeln. Dann mit einem Teller beschweren, den Deckel fest auflegen und die Blätter etwa 4 Min. bei starker Hitze garen. Die Temperatur herunterschalten und die Blätter weitere 40 Min. köcheln lassen. Von der Kochstelle nehmen, den Deckel entfernen und die Blätter in der Garflüssigkeit abkühlen lassen. Anschließend können Sie sie mit dem Schaumlöffel herausheben und auf einer Platte anrichten.

Mit Raumtemperatur oder auch gekühlt servieren – dazu Zitronenspalten zum Beträufeln reichen.

TOMATEN-OLIVEN-SALAT
SALATA TAMATIM WA ZAITUN

FÜR 4 BIS 6 PERSONEN

Dieser schlichte Salat wird oft zu gegrillten Speisen und *kebab* gereicht, meistens mit einer klassischen Vinaigrette oder Zitronensaft angemacht. Sehr gut paßt dazu ein Kreuzkümmel/Zitronensaft-Dressing.

- *5 bis 6 große Fleischtomaten, Stielansatz entfernt, in dünne Scheiben geschnitten*
- *1 große rote Zwiebel, feingehackt*
- *175 g schwarze Oliven, entsteint*
- *4 EL glattblättrige Petersilie, feingehackt*
- *Salz und Pfeffer*
- *150 ml Kreuzkümmel/Zitronen-Dressing (s. Seite 108)*

Die Tomatenscheiben auf eine Servierplatte legen. Die gehackte Zwiebel darüberstreuen, dann Oliven und Petersilie. Mit Salz und Pfeffer würzen. Das Dressing darübergießen und den Salat sofort servieren.

VORSPEISEN UND SALATE

ROHES LAMMFLEISCH MIT GEWÜRZEN
KUBBA NAYEH

FÜR 6 BIS 8 PERSONEN

Diese libanesische Version des Tatars wird nicht aus Rind, sondern aus Lammfleisch zubereitet und mit *Bulgur* ergänzt. Sie ist ein Geschmackserlebnis, das man nicht versäumen sollte. Das Lammfleisch muß aber eine ausgezeichnete Qualität haben und sehr zart sein. Diese Version wird traditionell auf einer Glasplatte serviert, umgeben von Römischem Salat, mit dessen Blättern man das Fleisch aufnimmt. Aus der Mischung können auch Bällchen geformt werden, die *kibbeh orayeh* heißen.

- *500 g mageres Lammfleisch (Lende oder Keule), feingehackt*
- *Salz und frisch gemahlener Pfeffer*
- *1 große Zwiebel, gehackt*
- *175 g Bulgur, feingeschrotet*
- *1/2 TL Piment, gemahlen*
- *1 TL Kreuzkümmel, gemahlen*
- *Cayennepfeffer*
- *Olivenöl*
- *5 Frühlingszwiebeln, feingehackt*
- *Römischer Salat oder Chicorée (nach Belieben)*

Das Lammfleisch in der Küchenmaschine mit Salz und Pfeffer nach Geschmack würzen und die gehackte Zwiebel hinzufügen. Die Zutaten zu einer glatten Paste verarbeiten, zwischendurch das Gerät immer wieder ausschalten und die Masse von den Innenwänden abstreichen. In eine große Schüssel füllen.

Den Bulgur in eine zweite Schüssel geben und mit kaltem Wasser bedecken. Nach etwa 5 Min. in ein mit Nesseltuch ausgelegtes Sieb geben und einige Minuten abtropfen lassen. Die Ränder des Tuchs zusammennehmen und die verbliebene Flüssigkeit aus dem Bulgur herauspressen. Den Bulgur zum Fleisch in die Schüssel geben.

Piment und Kreuzkümmel darüberstreuen und Cayennepfeffer nach Geschmack hinzufügen. Die Zutaten mit angefeuchteten Händen etwa 5 Min. kneten, bis eine körnige Paste entstanden ist. Diese für etwa 30 Min. beiseite stellen.

Wenn *kubba orayeh* serviert werden sollen, formen Sie aus der Masse kleine walnußgroße Bällchen und drücken sie zu kleinen Küchlein auseinander. Für *kubba nayeh* 1 bis 2 EL Wasser zufügen und die Paste weiter kneten, bis sie eine mehr musartige Konsistenz hat.

Auf einer Platte arrangieren. Bällchen vor dem Servieren mit Olivenöl beträufeln; für *kubba nayeh* rundherum Salatblätter anrichten und das Öl getrennt reichen. Beide Gerichte mit gehackter Frühlingszwiebel und Zitronenspalten garniert servieren.

FRISCHER SALAT MIT MINZE

FÜR 4 BIS 6 PERSONEN

Diese Kombination aus zarten grünen Blättern und säuerlichem Öl-Zitronen-Dressing stellt einen Kontrast zum gemischten Blattsalat dar (s. Seite 44).

- *100 ml Zitronensaft*
- *100 ml Olivenöl*
- *Salz und frisch gemahlener Pfeffer*
- *1 kleiner grüner Salat, Blätter abgetrennt, gewaschen und getrocknet*
- *1 kleiner Eichblattsalat, Blätter abgetrennt, gewaschen und getrocknet*
- *50 g ganze Minzeblätter, gewaschen und trockengetupft*

In einer Servierschüssel den Zitronensaft, das Öl und die Gewürze sorgfältig verschlagen. Dann Salatblätter und Minzeblätter zufügen. Den Salat behutsam durchheben und sofort servieren.

LIBANESISCHE KÜCHE

KLEINE SPINATTASCHEN
FATA'IR

ERGIBT ETWA 25 STÜCK

Diese Taschen werden mit dem gleichen Teig wie *lahm* (s. Seite 44) **zubereitet und können mit einer Käsemischung (s.** *baqlawa*, S. 50), **Fleisch oder dieser Spinatmischung, die sehr typisch ist, gefüllt werden. Gefüllte Teigtaschen der Levante wie diese waren auch die Vorbilder für gefüllte Teigwaren und Fleischpasteten, die nach der Zeit der Kreuzzüge in Europa aufkamen.**

- *1 Portion lahem-Teig, etwa 30 Min. gekühlt*

FÜLLUNG
- *1 kg frischer Blattspinat, gewaschen, entstielt, abgetropft und gehackt*
- *3 EL Olivenöl*
- *1 Zwiebel, geraspelt*
- *Kerne von 1 Granatapfel*
- *100 g Walnüsse, zerstoßen*
- *1 EL Sumach (nach Belieben)*
- *Saft von 2 Zitronen*
- *Salz und frisch gemahlener Pfeffer*

Möglichst viel Feuchtigkeit aus dem Spinat herauspressen. Das Öl in einer Pfanne erhitzen, die Zwiebel hineinrühren und 2 Min. garen. Den Spinat zufügen und rühren, bis er zusammengefallen ist. Granatapfelkerne, Walnüsse, *Sumach* (sofern verwendet) und Zitronensaft dazugeben. Alles gut vermischen, von der Kochstelle nehmen und beiseite stellen.

Den Teig in 25 Stücke teilen und diese zu Kugeln formen. Die Kugeln auf einem bemehlten Brett zu kleinen, möglichst dünnen runden Fladen ausrollen. Je in die Mitte die Füllung setzen und die Ränder zusammennehmen, so daß dreieckige Taschen entstehen. Die Ränder zusammendrücken.

Den Backofen auf 190° (Gasherdstufe 3) vorheizen. Die Taschen auf geölte Backbleche setzen und 5 Min. backen. Dann die Temperatur auf 180° (Gasherdstufe 2–3) reduzieren und die Taschen noch einmal 15 bis 20 Min. backen. Aus dem Backofen nehmen und vor dem Servieren leicht abkühlen lassen.

VORSPEISEN UND SALATE

GEFÜLLTE LAMMFLEISCHBÄLLCHEN
KUBBA BI SCHAMIJA

ERGIBT ETWA 20 STÜCK

Diese kleinen Fleischbällchen werden aus Bulgur und Lammfleisch zubereitet und mit weiterem Lammfleisch gefüllt. Sie sind auf libanesischen Tischen häufig zu finden und gelten immer noch als Prüfung für die Fähigkeiten einer Köchin. In einem Land, in dem die Küchenmaschine nach wie vor Seltenheitswert hat, müssen die Zutaten für die teigartige äußere Hülle immer noch kräftig im Mörser gemahlen und die Bällchen behutsam gefüllt und gegart werden. Im Westen haben wir es da einfacher.

- *500 g mageres Lammfleisch (Keule oder Lende), in kleine Stücke geschnitten*
- *ca. 250 g Bulgur, feingeschrotet*
- *Salz und frisch gemahlener Pfeffer*
- *1 große Zwiebel, gehackt*
- *Cayennepfeffer*
- *1 TL Kreuzkümmel*

FÜLLUNG
- *2 EL Olivenöl*
- *2 EL Pinienkerne*
- *2 kleine Zwiebeln, feingehackt*
- *250 g gehacktes Lammfleisch*
- *1 EL libanesische Gewürzmischung (s. Seite 16)*
- *Salz und frisch gemahlener Pfeffer*
- *Öl zum Fritieren*

Die Lammfleischstücke in die Küchenmaschine geben und grobhacken, dann die gehackte Zwiebel hinzufügen. Das Gerät laufen lassen, zwischendurch ein- oder zweimal ausschalten und die Masse von den Wänden schaben, bis eine feine Paste entstanden ist. In eine große Schüssel füllen.

In eine zweite Schüssel 250 g Bulgur geben, mit kaltem Wasser bedecken und etwa 10 Min. einweichen. Dann in ein mit Nesseltuch ausgelegtes Sieb geben und einige Minuten abtropfen lassen. Die Tuchränder zusammennehmen und sorgsam die restliche Flüssigkeit aus dem Bulgur pressen. Den größten Teil des Bulgurs zum Fleisch in die Schüssel geben, knapp ein Viertel davon zurückbehalten.

Cayennepfeffer nach Geschmack sowie Kreuzkümmel hinzufügen. Bulgur und Fleisch mit befeuchteten Händen verkneten, bis eine feine, gut formbare Paste entstanden ist. Falls notwendig, noch etwas von dem restlichen Bulgur untermischen. Die Masse 30 bis 60 Min. kalt stellen.

In der Zwischenzeit die Füllung zubereiten: Das Öl in einer Pfanne erhitzen und die Pinienkerne etwa 2 Min. braten, bis sie leicht gebräunt sind. Die Nüsse mit dem Schaumlöffel herausnehmen und beiseite stellen.

Die gehackte Zwiebel in die Pfanne geben und 5 bis 6 Min. sautieren, bis sie weich ist und Farbe annimmt. Gehacktes Lammfleisch und Gewürz hinzufügen und das Fleisch braten, bis es gebräunt ist. Von der Kochstelle nehmen und überschüssiges Fett abgießen. Nach Geschmack salzen und pfeffern und die Pinienkerne hineinrühren. Beiseite stellen.

Die Fleisch-Bulgur-Mischung in 20 Portionen teilen und mit den Händen daraus »Eier« formen. Mit dem Zeigefinger in solch ein Ei von einem Ende zur Mitte ein Loch drücken und vergrößern. Die Wand sollte möglichst dünn sein. Etwas Füllung hineingeben, dann das offene Ende zusammendrücken. Dieses Fleischküchlein sollte ein ovale Form haben. Die restlichen Portionen füllen.

Das Fritieröl in einem großen, schweren Topf oder einer Friteuse erhitzen. *Kubba* portionsweise fritieren, bis sie goldbraun sind. Auf Küchenpapier abtropfen lassen, dann auf einer großen Platte mit Zitronenspalten anrichten.

Die *kubba* können im Kühlschrank aufbewahrt oder eingefroren und bei Bedarf im Backofen wieder erhitzt werden.

VORSPEISEN UND SALATE

LIBANESISCHE LAMMFLEISCH-FLADEN
LAHM BI ADJINA

ERGIBT ETWA 25 KLEINE FLADEN

Diese typisch libanesischen Teigfladen werden aus Hefeteig gemacht. Derselbe Teig wird auch zur Herstellung von *fata'ir* (s. Seite 41) verwendet. Traditionell bereitet man die Fladen mit Lammfleisch zu, man kann jedoch auch Rinderhack nehmen.

- *300 ml lauwarmes Wasser*
- *20 g frische Hefe oder 15 g Trockenhefe*
- *450 g Mehl*
- *1 TL Salz*
- *1¹/₂ bis 2 EL Olivenöl*
- *Olivenöl zum Bestreichen*

BELAG
- *2 EL Olivenöl*
- *450 g milde Zwiebeln, feingehackt*
- *450 g gehacktes Lammfleisch*
- *400 g gehackte Chilitomaten aus der Dose, gut abgetropft*
- *75 ml Tomatenmark*
- *1 TL libanesische Gewürzmischung (s. Seite 16)*
- *1 TL brauner Zucker*
- *Salz und frisch gemahlener Pfeffer*
- *1 EL frischer Koriander, feingehackt*
- *1 EL Petersilie, feingehackt*

In einer Schüssel die Hefe mit der Hälfte des Wassers verrühren. 15 Min. gehen lassen, bis sich Blasen zu bilden beginnen. Mehl und Salz in eine zweite Schüssel sieben. In der Mitte eine Mulde machen und das Öl hineingießen, dann die Hefemischung. Das Mehl mit den Händen in die Flüssigkeit ziehen und untermischen. Nach und nach das restliche lauwarme Wasser hinzufügen, bis ein knetbarer Teig entstanden ist. Diesen auf die leicht bemehlte Arbeitsfläche setzen und etwa 15 Min. gut durchkneten, bis er glänzt. Zu einer Kugel formen.

Etwas Öl in die Schüssel gießen. Die Teigkugel hineinlegen und drehen, um sie vollkommen zu überziehen. Die Kugel herausnehmen und mit einem feuchten Tuch abgedeckt an einem warmen Platz etwa 2¹/₂ Stunden gehen lassen, bis sie ihr Volumen verdoppelt hat.

Für den Belag das Öl in einer Pfanne erhitzen. Die Zwiebeln dazugeben und sautieren, bis sie weich und leicht gebräunt sind. In einer Schüssel Fleisch, die gut abgetropften Tomaten, Tomatenmark, Gewürz, Zucker, Salz und Paprika nach Geschmack sowie Kräuter vermischen. Die gebratenen Zwiebeln dazugeben und alles mit den Händen vermischen.

Mit angefeuchteten Händen den Teig in 25 Kugeln formen. Jede zu einem kleinen Fladen auseinanderdrücken und auf ein gefettetes Backblech legen. Den Belag auf die Fladen verteilen und glattstreichen. Dann im vorgeheizten Backofen bei 220° (Gasherdstufe 4–5) ca. 10 Min. backen, bis die Fladen ein wenig aufgegangen und leicht gebräunt sind. Aus dem Backofen nehmen und sofort servieren.

Die *lahm* können im Kühlschrank aufbewahrt oder eingefroren und bei Bedarf im Backofen erhitzt werden.

GEMISCHTER BLATTSALAT

FÜR 4 BIS 6 PERSONEN

Dieser Salat, der eine belebende Wirkung hat, nimmt Anleihen aus den in der Bibel erwähnten bitteren Kräutern. Das Pistaziendressing macht ihn jedoch unvergleichlich köstlicher.

- *2 mittelgroße Stangen Chicorée, gewaschen, getrocknet und in Blätter geteilt*
- *15 innere Blätter eines Römischen Salats, gewaschen, trockengetupft, in Stücke geschnitten*
- *1 Bund Brunnenkresse, gewaschen, trockengetupft und entstielt*
- *200 ml Pistaziendressing (s. Seite 109)*

Die Chicoréeblätter um den Rand einer flachen Schüssel herum anrichten. In der Mitte den Römischen Salat und die Brunnenkresse vermischen. Dann das Pistaziendressing darübergießen. Den Salat behutsam durchheben und sofort servieren.

FRUCHTIG-PIKANTE FLEISCHBÄLLCHEN

ERGIBT 25 BIS 30 STÜCK

Schmackhafte Fleischbällchen wie diese findet man im Nahen Osten in vielen Variationen. Die Verwendung von Früchten ist typisch für die Türkei und die Levante, wo man gerne Pikantes und Süßes mischt. Anstelle der Sultaninen können auch Korinthen oder Datteln verwendet werden. Zu den Bällchen paßt besonders gut Joghurt-Gurken-Sauce (s. Seite 108).

- *50 g frische Weißbrotkrumen*
- *150 ml Joghurt*
- *3 EL Olivenöl*
- *50 g Pinienkerne*
- *50 g Sultaninen, in heißem Wasser eingeweicht*
- *3 EL Frühlingszwiebeln, feingehackt*
- *1 Knoblauchzehe, feingehackt*
- *1 TL Zimt, gemahlen*
- *1 TL Piment, gemahlen*
- *1 TL Salz*
- *500 g gehacktes Lamm- oder Rindfleisch*

In einer Schüssel Brotkrumen und Joghurt vermischen und 10 Min. stehen lassen. In einer Pfanne 1 EL Öl erhitzen und die Pinienkerne 4 bis 5 Min. darin rösten, bis sie leicht braun werden. Auf Küchenpapier abtropfen lassen und zu der Joghurtmischung geben.

Sultaninen, Frühlingszwiebeln, Knoblauch, Gewürze und Salz hineinrühren. Das Fleisch hinzufügen und die Zutaten mit den Händen sorgfältig vermischen. Die Mischung 30 Min. kalt stellen.

Aus der Fleischmischung etwa 30 Bällchen formen. Erneut Öl erhitzen und die Bällchen etwa 6 Min. braten, zwischendurch immer wieder drehen, damit sie rundum gebräunt werden. Zum Abtropfen mit dem Schaumlöffel auf Küchenpapier heben.

Die Bällchen können Sie im Kühlschrank aufbewahren oder einfrieren und bei Bedarf wieder erhitzen.

VORSPEISEN UND SALATE

SARDELLEN-EI-ROLLEN
AGGA BI ANSCHUGA

FÜR 6 BIS 8 PERSONEN

Eggah, wie dieses Gericht in Ägypten heißt, wo es besonders beliebt ist, findet man in der ganzen Region in vielen Varianten. Im Libanon bereitet man es gelegentlich mit Mehl zu; hier wird es durch eine Kartoffel ergänzt, aufgeschnitten und gerollt.

- 2 EL Oliven- oder Sonnenblumenöl
- 5 Frühlingszwiebeln, feingehackt
- 6 Sardellenfilets, gewaschen, abgetropft, trockengetupft und feingehackt
- 1 große Kartoffel, geraspelt
- 1 TL Kreuzkümmel
- 3 EL glattblättrige Petersilie, feingehackt
- 6 Eier
- Salz und frisch gemahlener Pfeffer

In einer großen Pfanne mit Deckel 2 EL Öl erhitzen. Gehackte Zwiebeln hinzufügen und weichsautieren. Von der Kochstelle nehmen und die Zwiebeln mit einem Schaumlöffel in eine große Schüssel heben. Gehackte Sardellen, geraspelte Kartoffel, Kreuzkümmel und Petersilie in die Schüssel geben und vermischen. Nacheinander die Eier unterschlagen. Nach Geschmack salzen und pfeffern.

Die Pfanne mit Öl wieder auf den Herd stellen und die Eimischung hineingießen. Auf schwache Hitze reduzieren und den Deckel auflegen. Die Mischung 15 bis 20 Min. garen, bis das Ei gerade fest ist.

Deckel abnehmen, einen Teller auf die Pfanne setzen und das Omelett stürzen. Umgedreht vorsichtig wieder in die Pfanne gleiten lassen und erneut 3 Min. garen.

Das Omelett herausnehmen, in schmale Keile schneiden und, am breiten Ende beginnend, aufrollen. Mit Zahnstochern zusammenstecken. Warm oder kalt servieren.

LIBANESISCHE KÜCHE

PIKANTE KICHERERBSENBÄLLCHEN
FALAFEL

ERGIBT 25 BIS 30 STÜCK

Obgleich *falafel* häufig mit Israel assoziiert wird, ißt man es im gesamten Nahen Osten, wo es auf der Speisekarte jedes libanesischen Restaurants zu finden ist. Wenn man nur Brot (und keinen Bulgur) dafür verwendet, bekommen die Kichererbsenbällchen eine festere Konsistenz.

- *100 g arabisches Brot (chubz) oder pitta-Brot, in Stücke gebrochen*
- *100 g Bulgur, feingeschrotet*
- *400 g Kichererbsen, gewaschen und abgetropft*
- *3 Knoblauchzehen, zerdrückt*
- *1 kleine Zwiebel, gehackt*
- *1 TL rote Chilis, zerstoßen*
- *2 TL Koriander, gehackt*
- *1 TL Zitronensaft*
- *1 TL Kreuzkümmel, gemahlen*
- *Salz und frisch gemahlener Pfeffer*
- *Öl zum Fritieren*

In einer kleinen Schüssel die Brotstücke mit Wasser bedecken und etwa 15 Min. einweichen. In einer zweiten Schüssel den Bulgur mit Wasser bedecken und ebenfalls 15 Min. stehen lassen. In der Zwischenzeit die abgetropften Kichererbsen mit Knoblauch, gehackter Zwiebel, Gewürzen und Zitronensaft in der Küchenmaschine pürieren, bis eine glatte Masse entstanden ist.

Brot und Bulgur abtropfen lassen. In feinem Nesseltuch jeweils getrennt aus beidem möglichst viel Wasser herauspressen. Das Brot zu der Kichererbsenmasse hinzufügen und möglichst glatt pürieren.

Die Masse in eine Schüssel geben und den Bulgur dazugeben, dann nach Geschmack salzen und pfeffern. Die Mischung sorgfältig mit den Händen verkneten und zu nußgroßen Bällchen formen. Die Bällchen auf Butterbrotpapier legen, falls notwendig übereinander, und etwa 2 Stunden kalt stellen.

Das Öl in einer Friteuse oder in einem Topf auf etwa 190° erhitzen, bis es leicht zu rauchen beginnt. Die Bällchen etwa 4 Min. fritieren, bis sie goldbraun sind. Auf Küchenpapier abtropfen lassen.

Servieren Sie das Gericht warm mit Sesamsauce (*tarator bi tahina*, s. Seite 106) oder mit Joghurt-Gurken-Sauce (s. Seite 108).

GEBACKENE KÄSEFLADEN
KALLADJA

ERGIBT 12 STÜCK

Dies ist eine Abwandlung des einfachen gegrillten Käses, der in libanesischen, griechischen und türkischen Restaurants auf getoastetem Fladenbrot serviert wird, aber oft unappetitlich gummiartig ist und nur nach Salz schmeckt. Diese Version hier läßt dagegen die typischen Aromen der Region voll zur Geltung kommen.

- *3 EL samna (s. Seite 14) oder Butter, zerlassen*
- *6 frische pitta-Brote*
- *700 g Kasseri- oder Halloumikäse, gerieben*
- *1 Knoblauchzehe, feingehackt*
- *1 EL frischer Majoran, feingehackt*
- *120 ml frisch gepreßter Zitronensaft*

Zwölf Semmel-Förmchen dünn mit etwas zerlassener *samna* oder Butter auspinseln. Aus jedem Brot zwei Kreise schneiden, die in die Förmchen passen. In jedes Förmchen einen Brotkreis setzen und das Brot mit *samna* bepinseln.

In einer Schüssel Käse, Knoblauch, Majoran und Zitronensaft vermischen. In jedes Förmchen eine Handvoll von der Mischung geben.

Die Förmchen für etwa 10 Min. bei 200° (Gasherdstufe 3–4) in den vorgeheizten Backofen legen, bis der Käse zu blubbern beginnt und leicht gebräunt ist. Sofort servieren.

VORSPEISEN UND SALATE

LAMMFLEISCH-HALBMONDE
LAMB SAMBUSAK

ERGIBT ETWA 25 STÜCK

Für dieses Rezept wird eine traditionelle Fleischfüllung verwendet. Man kann statt dessen aber auch die Käsefüllung des *baqlawa* (s. Seite 50) nehmen, wenn man die Tomaten durch 2 bis 3 EL Dill oder Minze ersetzt.

- *175 g Mehl*
- *Salz*
- *1 EL Sonnenblumenöl*
- *1 Zwiebel, feingehackt*
- *1 Knoblauchzehe, feingehackt*
- *ca 400 g gehacktes Lammfleisch*
- *2 EL Pinienkerne*
- *Salz und frisch gemahlener schwarzer Pfeffer*
- *1 EL libanesische Gewürzmischung (s. Seite 16)*
- *2 EL Minze, gehackt*
- *1 TL Zucker*
- *2 EL Zitronensaft*
- *1 Ei, verquirlt*
- *Öl zum Fritieren*
- *100 ml warmes Wasser*

Das Mehl und das Salz (nach Geschmack) in eine Schüssel sieben. Dann das Wasser langsam untermischen. Die Zutaten mit den Händen zu einem Teig verarbeiten und diesen aus der Schüssel nehmen. 5 Min. auf der bemehlten Arbeitsfläche kneten, bis er glatt ist. In Klarsichtfolie wickeln und 30 Min. kalt stellen.

Das Öl in einer Pfanne erhitzen. Feingehackte Zwiebel und Knoblauch sautieren, bis sie leicht gebräunt sind. Das gehackte Lammfleisch hineingeben und rundum bräunen. Überschüssiges Fett abgießen. Pinienkerne hinzufügen sowie Salz und Pfeffer nach Geschmack. Gewürz, Minze und Zucker dazugeben. Noch einmal 2 bis 3 Min. garen, dann von der Kochstelle nehmen. Den Zitronensaft unterrühren. Den Teig in etwa 25 kleine Kugeln teilen und jede auf einem bemehlten Brett zu einem kleinen Fladen ausrollen. In die Mitte jeweils etwas Füllung setzen. Die Teigränder mit etwas verquirltem Ei bestreichen, über die Füllung legen und mit einer Gabel zu Halbmonden zusammendrücken.

Das Öl zum Fritieren erhitzen. Wenn es 190° erreicht hat, jeweils 3 bis 4 Teigtaschen goldbraun ausbacken, dann mit dem Schaumlöffel zum Abtropfen auf Küchenpapier heben. Das Öl wieder auf 190° bringen und so nacheinander alle Teigtaschen ausbacken. Die Teigtaschen bis zum Servieren warm halten.

Die Halbmonde können im Kühlschrank aufbewahrt oder tiefgefroren und im Backofen wieder erhitzt werden.

Ein modernes Restaurant an einer alten Brücke, Jezir El Khadi.

LIBANESISCHE KÜCHE

PIKANTE BAQLAWA

FÜR 6 PERSONEN

Dieser köstliche Käse-Zwiebel-Kuchen ist ein herrlicher Snack zu einem Glas Wein, allein oder zusammen mit *kubba bi sanieh*. Die sonnengetrockneten Tomaten, die mit italienischen Zuwanderern in den Libanon kamen, passen hervorragend zu dem Käse. Die *baqlawa* kann kalt serviert werden, schmeckt aber warm am besten – aber nicht heiß.

◆ *175 g samna (s. Seite 14) oder Butter*
◆ *2 Zwiebeln, feingehackt*
◆ *2 Knoblauchzehen, feingehackt*
◆ *¹/₂ TL Majoran, getrocknet*
◆ *¹/₂ TL Thymian, getrocknet*
◆ *225 g Feta-Käse*
◆ *225 g Joghurt-Dip (labna, s. Seite 53)*
◆ *2 Eier*
◆ *2 EL Milch*
◆ *50 g sonnengetrocknete Tomaten in Öl, abgetropft und feingehackt*
◆ *Salz und frisch gemahlener Pfeffer*
◆ *250 g phyllo-Teig (20x30 cm große Stücke)*

In einer Pfanne 2 EL *samna* oder Butter erhitzen. Die Zwiebeln dazugeben und etwa 5 Min. unter ständigem Rühren anbraten. Knoblauch und Kräuter hinzufügen und die Zutaten weiter garen, bis die Zwiebeln leicht gebräunt sind. Dann in eine Schüssel geben.

Beide Käsesorten und die Eier zu der Zwiebelmischung hinzufügen und unterschlagen. Die Milch hinein-

rühren, dann die sonnengetrockneten Tomaten und Salz und Pfeffer nach Geschmack. Weiterrühren, bis alle Zutaten gut vermischt sind.

Restliche *samna* oder Butter bei mittlerer Hitze zerlassen. *Phyllo*-Teig auspacken und mit einem feuchten Tuch abdecken, damit er während der Zusammenstellung der *baqlawa* nicht austrocknet. Den Boden einer flachen, ofenfesten Form mit Butter auspinseln. (In ihr sollten gerade zwei Teigplatten Platz haben. Wenn sie etwas kleiner ist, können die Ränder sich überlappen.) Zwei Teigplatten in die Form legen und mit *samna* bepinseln. Zwei weitere Platten hineinlegen und ebenfalls mit *samna* einpinseln. So fortfahren, bis die Hälfte des Teigs verbraucht ist.

Die Käsefüllung gleichmäßig auf dem Teig verteilen. Zwei Teigplatten darauflegen und mit *samna* bestreichen. Auf diese Weise den Teig aufbrauchen. Schließlich die gesamte Oberfläche ausgiebig mit *samna* bepinseln und den Kuchen in mundgerechte, rautenförmige Stücke schneiden.

Im vorgeheizten Backofen bei 200° (Gasherdstufe 3–4) etwa 45 Min. backen, bis die Oberfläche braun wird und die Füllung gar ist. Leicht abkühlen lassen, aufschneiden und servieren.

LIBANESISCHER KRAUTSALAT
SALATA MALFUF

FÜR 6 BIS 8 PERSONEN

Dieser Krautsalat schmeckt kräftig nach Knoblauch und paßt wunderbar zu gegrilltem Fleisch.

◆ *2 Knoblauchzehen*
◆ *1 TL Salz*
◆ *100 ml frisch gepreßter Zitronensaft*
◆ *100 ml Olivenöl*
◆ *1 kleiner Weißkohl (etwa 400 g), Strunk entfernt, in dünne Streifen geschnitten*
◆ *3 EL frische Minze, in dünne Streifen geschnitten*
◆ *3 EL Kümmel*

Die Knoblauchzehen mit dem Salz im Mörser zu einer Paste verarbeiten, dann langsam den Zitronensaft hineingeben. Die Sauce in eine große Schüssel geben und langsam das Olivenöl unterschlagen, bis das Dressing emulgiert ist.

Den in Streifen geschnittenen Kohl, die Minze sowie den Kümmel hinzufügen und am Schluß den Krautsalat durchheben. Sofort servieren.

LIBANESISCHE KÜCHE

KALMAR IM MANDELMANTEL

ERGIBT ETWA 25 RINGE

Auch der Kalmar (Tintenfisch) ist im gesamten Mittelmeerraum äußerst beliebt, besonders im Libanon. Diese *mazza* mit Mandeln ist wunderbar knusprig, besonders gut paßt dazu Mandelsauce (s. Seite 105).

- 450 g Kalmare (Mäntel), gewaschen und trockengetropft
- 75 g Mehl
- Salz und frisch gemahlener Pfeffer
- Cayennepfeffer
- 75 g feingeschroteter Bulgur, eingeweicht und über Nacht in einem Durchschlag abgetropft
- 50 g blanchierte Mandeln, feingehackt
- 2 Eier
- Öl zum Fritieren

Den Tintenfisch mit einem scharfen Messer in Ringe schneiden und beiseite stellen.

Das Mehl auf einen Teller geben und Salz, Pfeffer und ein wenig Cayennepfeffer nach Geschmack untermischen. Auf einen zweiten Teller den Bulgur geben, der nun trocken sein sollte. Gehackte Mandeln unter den Bulgur mischen. Die Eier in eine flache Schüssel schlagen und verquirlen.

Die Kalmarringe nacheinander im Mehl wenden, in das verquirlte Ei tauchen und schließlich mit der Bulgur-Mandel-Mischung überziehen. Die Ringe nebeneinander auf eine Platte legen und für 1 Stunde kalt stellen.

Das Öl auf 180° erhitzen und die Tintenfischringe portionsweise goldbraun fritieren. Bis zum Servieren warm halten.

VORSPEISEN UND SALATE

GEFÜLLTE FISCHBÄLLCHEN
KUBBA SAMAK

ERGIBT ETWA 20 STÜCK

In den Hafenstädten Saida und Tyrus werden als Alternative zu Lammfleisch-*kubba* köstliche fritierte Fischbällchen serviert. Diese Version hier hat eine leichte, fruchtige Füllung.

- *450 g feingeschroteter Bulgur*
- *1 große Zwiebel, gehackt*
- *ca. 700 g weißfleischiges Fischfilet, enthäutet*
- *2 EL Zitronensaft*
- *Salz und frisch gemahlener Pfeffer*

FÜLLUNG
- *1 große Zwiebel, kleingeschnitten*
- *1 EL Öl*
- *3 EL Koriander, feingehackt*
- *50 g eßfertige Trockenaprikosen, gehackt*
- *25 g Datteln, feingehackt*
- *Öl zum Fritieren*
- *Zitronenspalten*
- *Eiswasser*

Den Bulgur in eine Schüssel geben und mit kaltem Wasser bedecken. 10 Min. stehen lassen.

Die gehackte Zwiebel in die Küchenmschine geben. Das Gerät laufen lassen, bis die Zwiebel sehr fein gehackt ist, dann den Fisch hinzufügen und zu einer Paste pürieren. Zitronensaft mit Salz und Pfeffer nach Geschmack dazugeben und untermischen, bis ein glattes Püree entstanden ist. Den Bulgur in einem mit Nesseltuch ausgelegten Sieb abtropfen lassen, dann die Ränder des Tuchs zusammennehmen und drehen, um überschüssige Feuchtigkeit herauszupressen. Den trockenen Bulgur portionsweise zum Fischpüree geben und zwischendurch das Gerät immer wieder einschalten. Es sollte so eine formbare Masse entstehen. Falls nötig, etwas Eiswasser hinzufügen, um sie geschmeidiger zu machen.

Für die Füllung die Zwiebel im Öl braten, bis sie leicht gebräunt ist. Koriander, gehackte Aprikosen und gehackte Datteln hinzufügen. Von der Kochstelle nehmen und beiseite stellen.

Mit angefeuchteten Händen die Fischmasse in etwa 20 Stücke teilen und Kugeln daraus formen. Mit dem Zeigefinger in jede Kugel ein Loch drücken und etwas Füllung hineingeben. Die Fischmasse über der Füllung zusammendrücken und noch einmal nachformen.

Erneut Öl erhitzen. Die Fischbällchen portionsweise hineingeben und goldbraun fritieren, dann auf Küchenpapier heben und abtropfen lassen. Warm oder mit Zimmertemperatur servieren, dazu Zitronenspalten reichen. Die Bällchen können im Kühlschrank aufbewahrt oder eingefroren und wieder erhitzt werden.

Sehr gut dazu passen Sesamsauce (*tarator bi tahina*, s. Seite 106) oder Joghurt-Gurken-Sauce (s. Seite 108).

CREMIGER JOGHURT-DIP
LABNA

ERGIBT 1 L

Dieser milde, sehr schmackhafte Dip wird im Libanon gewöhnlich aus Ziegenmilchjoghurt zubereitet und ist auf libanesischen Tischen gang und gäbe. Er wird gern als Vorspeise gereicht und kann gehaltvoller gemacht werden, indem man gehackte Gurke, Frühlingszwiebeln, Paprika oder Chilis hinzufügt.

- *1 l Naturjoghurt (vorzugsweise Ziegen- oder Schafsmilchjoghurt)*
- *1 TL Salz*
- *1 EL Olivenöl*
- *Paprika*

In einer Schüssel Joghurt und Salz sorgfältig verschlagen. Einen Durchschlag mit feuchtem Nesseltuch auslegen und den Joghurt darin eine Zeitlang abtropfen lassen; dann die Ecken des Tuchs zusammenbinden und den Joghurt für etwa 12 Stunden oder über Nacht über einem Waschbecken aufhängen.

Zum Servieren den abgetropften Joghurt in einer Schüssel appetitlich anrichten, mit Olivenöl beträufeln und mit Paprika bestreuen. Dazu reicht man arabisches Brot (*chubz*) oder *pitta*-Brot.

VORSPEISEN UND SALATE

REIS-PISTAZIEN-SALAT

FÜR 6 PERSONEN

Dieser Salat kam als Besucher von den östlichen Grenzen und aus dem Iran in den Libanon – und blieb. Reis spielt im Libanon keine bedeutende Rolle, doch man findet ihn in Beirut und in den größeren Städten mit einer mehr kosmopolitischen Bevölkerung. (Der Salat schmeckt besonders köstlich, wenn man das Olivenöl durch 4 EL Pistazienöl ersetzt. Man bekommt es in Delikatessengeschäften, aber leider ist es sehr teuer.)

- *375 g Langkornreis*
- *5 EL Olivenöl*
- *Salz und frisch gemahlener Pfeffer*
- *3 EL frisch gepreßter Zitronensaft*
- *1 TL abgeriebene Zitronenschale*
- *1 TL Granatapfelkerne*
- *3 EL glattblättrige Petersilie, feingehackt*
- *4 Frühlingszwiebeln, feingehackt*
- *50 g Pistazienkerne*

Den Reis in 1 EL Olivenöl sautieren und gut durchrühren (falls das Dressing mit Pistazienöl zubereitet wird, Sonnenblumenöl verwenden.) Wenn der Reis glasig ist, nach Geschmack salzen. Den Reis mit kochendem Wasser bedecken. Den Deckel auflegen, Hitze reduzieren und den Reis 5 Min. köcheln lassen, dann den Herd ausschalten und etwa 25 Min. weitergaren lassen, bis er weich ist (falls er noch zu fest ist, etwas kochendes Wasser dazugeben, umrühren und weitere 5 Min. garen lassen). Dann in einer Servierschüssel zum Abkühlen beiseite stellen.

In einer kleinen Schüssel Zitronensaft und restliches Olivenöl (oder Pistazienöl) verschlagen. Salz und Pfeffer nach Geschmack sowie Zitronenschale und Granatapfelkerne zufügen. Die Mischung beiseite stellen.

Die Petersilie, Frühlingszwiebeln und Pistazien in die Schüssel mit dem Reis geben und das Zitronendressing hineinrühren. Den Salat vor dem Servieren abgedeckt mindestens 2 Stunden kalt stellen.

ZUCCHINI-KÜCHLEIN
AGGA BI KUSA

ERGIBT 25 BIS 30 STÜCK

Im Gegensatz zu dem Rezept auf Seite 46 handelt es sich hier schon eher um Beignets als um ein Omelett. Diese Küchlein sind leicht und daher als Snack zu Getränken oder als köstliche Vorspeise hervorragend geeignet.

- *6 kleine Zucchini, gewaschen, geputzt und grobgehackt*
- *100 g Butter, gewürfelt*
- *200 ml Wasser*
- *2 Knoblauchzehen, feingehackt*
- *100 g Mehl*
- *4 Eier*
- *3 EL Petersilie, feingehackt*
- *¼ TL Cayennepfeffer*
- *Salz und frisch gemahlener Pfeffer*
- *Öl zum Fritieren*

Die Zucchini in einem Topf mit wenig Wasser dämpfen, bis sie weich sind. Von der Kochstelle nehmen und zerdrücken. Beiseite stellen.

Butter, Wasser und Knoblauch in einen schweren Topf geben und aufkochen. Das ganze Mehl dazugeben und mit einem Holzlöffel oder Spatel rühren, bis sich der Teig von den Topfwänden löst. In eine Schüssel geben und nacheinander die Eier unterschlagen, bis der Teig glänzt. Die Zucchini zusammen mit Petersilie, Cayennepfeffer sowie nach Geschmack Salz und Pfeffer unterschlagen.

Das Öl in einem großen Topf oder der Friteuse erhitzen. Die Teigmischung teelöffelweise hineintropfen lassen und etwa 5 Min. fritieren, bis die Küchlein goldbraun sind. Mit dem Schaumlöffel herausheben, auf Küchenpapier abtropfen lassen und warm halten, bis alle ausgebacken sind. Warm mit Zitronenspalten und Joghurt-Gurken-Sauce (s. Seite 108) servieren.

VORSPEISEN UND SALATE

BULGUR-KRÄUTER-SALAT
TABBULA

FÜR 6 PERSONEN

Tabbula ist wahrscheinlich das libanesische Gericht, das im Ausland am besten bekannt ist. In Großbritannien, Frankreich und den USA ist es schon zu einem Standardgericht für Sommerfeste und Picknicks geworden, und man findet es dort in jedem Delikatessengeschäft. Für eine echte *tabbula* werden aber gewöhnlich – anders als im Westen üblich – mehr Kräuter als Bulgur verwendet.

◆ *175 Bulgur, mittelfein geschrotet*
◆ *1 TL Salz*
◆ *Saft von 2 Zitronen*
◆ *300 g glattblättrige Petersilie, feingehackt*
◆ *200 g Minze, feingehackt*
◆ *2 EL Frühlingszwiebeln, feingehackt*
◆ *60 ml Olivenöl*
◆ *3 Eiertomaten, entkernt, abgetropft und gehackt*
◆ *¹/₂ Salatgurke, entkernt und feingehackt*
◆ *Salz und frisch gemahlener Pfeffer*

Den Bulgur in einer großen Schüssel mit kochendem Salzwasser bedecken und 10 Min. quellen lassen, dann abspülen und gut abtropfen lassen. Die restliche Flüssigkeit in einem Tuch herausdrücken. Den Bulgur in eine andere Schüssel geben und den Saft einer Zitrone hinzufügen. Für 1 Stunde beiseite stellen.

Zur Zubereitung des Salats Petersilie, Minze, Frühlingszwiebel, Öl, Tomate und Gurke in einer großen Schüssel vermischen. Den Bulgur behutsam hineinrühren und den Salat gut durchheben. Nach Geschmack salzen und pfeffern, auf Wunsch weiteren Zitronensaft hinzufügen. Den Salat vor dem Servieren kurz in den Kühlschrank stellen.

LINSENSALAT
SALATA ADAS

FÜR 4 BIS 6 PERSONEN

Dieser Salat wird mit den braunen Linsen zubereitet, die Bauern und Landarbeiter so lieben. Ungeachtet der Tatsache, daß sie als »Speise der Armen« gelten, nehmen Linsen in der libanesischen Küche einen Ehrenplatz ein und haben ihren Weg aus dem Nahen Osten in die bürgerliche Küche Europas gefunden.

◆ *250 g getrocknete braune Linsen, 1 Stunde*
   eingeweicht
◆ *1 rote Chilischote, zerstoßen*
◆ *1 TL Kreuzkümmelsamen*
◆ *1 Lorbeerblatt*
◆ *5 EL Olivenöl*
◆ *Saft von 1 Zitrone*
◆ *2 Knoblauchzehen, zerdrückt*
◆ *Salz und frisch gemahlener Pfeffer*
◆ *3 EL glattblättrige Petersilie, feingehackt*

Die Linsen waschen und verlesen, dann noch einmal abspülen. Mit Chilischote, Kreuzkümmelsamen und Lorbeerblatt in einen Topf geben und mit Wasser bedecken. Zum Kochen bringen, den Deckel auflegen und die Linsen etwa 30 Min. köcheln lassen, bis sie gar sind. Sorgfältig abtropfen lassen.

In einer großen Schüssel Öl, Zitronensaft, Knoblauch sowie Salz und Pfeffer nach Geschmack verschlagen. Die warmen Linsen und die Petersilie hinzufügen. Den Salat durchheben, abkühlen lassen und mehrere Stunden oder über Nacht kalt stellen. (Falls Salat übrigbleibt, kann daraus ein Dip hergestellt werden: Die Linsen mit etwas Olivenöl und weiterem Zitronensaft pürieren und mit Cayennepfeffer und frisch gehacktem Koriander würzen.)

LIBANESISCHE KÜCHE

GURKENSALAT
SALATA CHIJAR

FÜR 6 PERSONEN

Anders als bei der arabischen Bevölkerung der Levante, herrscht unter den Maroniten und den anderen christlichen Volksgruppen kein Alkoholverbot. Daher wird in ihren Rezepten auch Wein oder, wie hier, Weinessig verwendet.

- *2 große Salatgurken, geschält, halbiert, entkernt und in dünne Scheiben geschnitten*
- *Salz und frisch gemahlener Pfeffer*
- *8 EL frische Minze, feingehackt*
- *4 EL glattblättrige Petersilie, feingehackt*
- *1 TL Orangenblütenwasser oder abgeriebene Schale einer halben Orange*
- *100 ml Olivenöl*
- *100 ml Rotweinessig*
- *5 EL Zucker*

Die Gurkenscheiben in einen Durchschlag geben und mit reichlich Salz bestreuen. 30 Min. abtropfen lassen.

Petersilie und Orangenblütenwasser oder abgeriebene Orangenschale in eine Schüssel geben. Olivenöl, Rotweinessig und Zucker unterschlagen, bis alles gut vermischt ist und der Zucker sich aufgelöst hat. Die Minze untermischen.

Die Gurkenscheiben mit Küchenpapier trockentupfen, dann in das Dressing geben. Den Salat vor dem Servieren mehrere Stunden kalt stellen.

VORSPEISEN UND SALATE

KICHERERBSENSALAT
SALATA HUMMUS

FÜR 6 PERSONEN

Dieser Salat ist eine herrliche Vorspeise, er kann aber auch sehr gut zu Lammgerichten serviert werden.

- *6 EL Olivenöl*
- *1 Knoblauchzehe, zerdrückt*
- *1 große milde Zwiebel, in dünnen Scheiben*
- *1 rote Paprika, ohne Rippen/Samen, kleingeschnitten*
- *1 EL Thymian, getrocknet*
- *½ TL Kreuzkümmelsamen*
- *3 EL Zitronensaft*
- *400 g Kichererbsen, gewaschen und abgetropft*
- *Salz und frisch gemahlener Pfeffer*
- *2 Eier, hartgekocht und kleingeschnitten*
- *glattblättrige Petersilie*

Das Öl in einer Pfanne erhitzen. Zerdrückte Knoblauchzehe und Zwiebel bei mittlerer Hitze sautieren, bis sie leicht gebräunt sind. Nach 1 bis 2 Min. Garzeit die rote Paprika, den Thymian und Kreuzkümmel hinzufügen. Den Pfanneninhalt mit Öl in eine große Schüssel geben und den Zitronensaft untermischen.

Die gewaschenen und abgetropften Kichererbsen in das Dressing rühren, dann vorsichtig das Ei unterheben. Den Salat in einer Servierschüssel anrichten und mit der glattblättrigen Petersilie garnieren.

LIBANESISCHE KÜCHE

SÜSS-SAURE AUBERGINE
BAZINJAN RAHIB

FÜR 6 PERSONEN

Die beliebte Aubergine – wieder einmal in einem anderen Gewand. Auf diese Weise zubereitet, wird sie oft als Vorspeise serviert und hat nicht den rauchigen Geschmack wie bei *mutabbal* (s. Seite 37). Hier machen die kontrastierenden Aromen den besonderen Reiz des Gerichtes aus.

- 2 mittelgroße Auberginen, geputzt und gewürfelt
- Salz
- 4 Knoblauchzehen, zerdrückt
- 2 große, milde gelbe Zwiebeln, gehackt
- 100 ml Olivenöl
- 1 TL Paprika
- 2 TL Kreuzkümmel, gemahlen
- 1 EL hellbrauner Zucker
- 3 mittlere Tomaten, entkernt, kleingeschnitten
- Saft von 1 Zitrone
- 4 EL Koriander, feingehackt

Die Auberginenwürfel in einem Durchschlag mit reichlich Salz vermischen. 30 Min. lang Wasser ziehen lassen, dann trockentupfen.

Eine große Backform mit Alufolie auslegen. In einer Schüssel Auberginenwürfel, Knoblauchzehen, gehackte Zwiebeln, Olivenöl, Kreuzkümmel, Paprika und Zucker vermischen. Die Zutaten durchheben, bis die Auberginenwürfel gut mit Öl und Gewürzen überzogen sind. Dann in der Backform verteilen und für etwa 40 Min. in den auf 200° (Gasherdstufe 3–4) vorgeheizten Backofen schieben, zwischenzeitlich zweimal durchrühren.

Die Tomaten hinzufügen und untermischen, falls notwendig noch etwas Öl zum Befeuchten dazugeben. Die Form erneut für 15 bis 20 Min. in den Backofen schieben, bis Auberginen und Tomaten sehr weich sind.

Das Gemüse in eine große Schüssel füllen. Den Zitronensaft und gehackten Koriander hinzufügen und alle Zutaten gut durchheben. Schließlich das Gericht auf Zimmertemperatur abkühlen lassen oder vor dem Servieren kurz kalt stellen.

GURKEN-JOGHURT-SPEISE
SADJIQ

FÜR 6 PERSONEN

Diese in Griechenland als *tzatziki* bekannte Joghurtspeise ist unter seinem türkischen Namen *sadjiq* im gesamten Nahen Osten bekannt und beliebt.

- 1 Salatgurke, geschält, halbiert, entkernt, gewürfelt
- Salz
- 2 Knoblauchzehen, zerdrückt
- 450 ml griechischer Joghurt
- weißer Pfeffer, frisch gemahlen
- 4 EL frische Minze, feingehackt

Die Gurkenwürfel in einen Durchschlag geben. Großzügig mit Salz bestreuen und darin wälzen. 30 Min. Wasser ziehen lassen.

In der Zwischenzeit in einer Schüssel Knoblauch, Joghurt, Pfeffer nach Geschmack und die Minze vermischen. Die Mischung kalt stellen, damit die Aromen verschmelzen können.

Die gewürfelten Gurken mit Küchenpapier trockentupfen und zum Joghurt geben. Behutsam untermischen und sofort servieren.

VORSPEISEN UND SALATE

PASTINAK-DATTEL-SALAT

FÜR 4 BIS 6 PERSONEN

Dies ist ein ungewöhnlicher Salat, der aus *Pastinak,* **einem traditionellen Gemüse der Bauern, und Datteln, das man auch das »Manna der Wüste« nennt, zubereitet wird. Er paßt gut zu Fleischsalaten (s. unten) oder** *kebab.*

- *6 mittelgroße Pastinaken, geputzt und geschält*
- *24 dicke Medjul-Datteln, entkernt*
- *4 TL Zitronensaft*
- *1 EL hellbrauner Zucker*
- *100 ml griechischer Joghurt*

Den Pastinak in eine große Schüssel raspeln. Anschließend die Datteln in kleine Stücke schneiden und zu dem Pastinak geben. In einer kleinen Schüssel Zitronensaft, Zucker und Joghurt verschlagen, bis sich der Zucker aufgelöst hat.

Zum Schluß das Dressing unter die Pastinak-Dattel-Mischung heben. Den Salat leicht gekühlt servieren.

RINDFLEISCH-GRAUPEN-SALAT

FÜR 4 BIS 6 PERSONEN

Rindfleisch findet in der libanesischen Küche viel seltener Verwendung als Lammfleisch. Doch die Nachfrage nach Rindfleisch in den Hotels und Restaurants der Städte hat zu einer interessanten Verbindung von westlichem Geschmack mit heimischen Aromen geführt. Graupen sind türkischen und armenischen Ursprungs, *Sumach* **stammt aus Syrien. Für die Zubereitung dieses Salats braucht man allerdings zwei bis drei Tage.**

- *100 g Sumachsamen*
- *4 EL Olivenöl*
- *2 EL Rotweinessig*
- *ca. 700 g Rumpsteak, 2 bis 3 cm dick geschnitten*
- *750 ml Hühnerbrühe*
- *175 g Perlgraupen, gewaschen und abgetropft*
- *1 rote Zwiebel*
- *75 g Mandelblättchen, geröstet*
- *250 g kernlose grüne Weintrauben, halbiert*
- *Salz und frisch gemahlener Pfeffer*
- *Brunnenkresse*
- *Gurkenscheiben und Radieschen*
- *Zitronenviertel*
- *¹/₂ TL Koriander*

Die Sumachsamen mit 350 ml kochendem Wasser übergießen und 20 bis 30 Min. ziehen lassen. Die Flüssigkeit durch ein Sieb gießen und in eine Flasche füllen; die Samen wegwerfen. In einer Schüssel Olivenöl, Essig und 2 EL Sumachsaft verschlagen (der Rest davon kann zur späteren Verwendung im Kühlschrank aufbewahrt oder eingefroren werden). Die Marinade in einen großen Folienbeutel gießen und das Fleisch hineinlegen. Den Beutel verschließen und schütteln, um das Fleisch zu überziehen. Den Beutel in eine Schüssel legen und über Nacht in den Kühlschrank stellen.

Am folgenden Tag das Fleisch auf jeder Seite 8 bis 10 Min. unter dem heißen Elektrogrill (oder auch auf Holzkohle) garen, zwischendurch mit Marinade beschöpfen. Es sollte außen gebräunt und durchgebraten, innen aber noch rosa sein. Abkühlen lassen und mehrere Stunden oder über Nacht in den Kühlschrank stellen.

In der Zwischenzeit die Perlgraupen vorbereiten: Hühnerbrühe zum Kochen bringen und die Graupen hineingeben. Abgedeckt etwa 30 Min. köcheln lassen, bis sie durch sind. Abtropfen und abkühlen lassen, dann über Nacht kalt stellen.

Für die Zubereitung des Salats das Fleisch in dünne Streifen schneiden. Einige beiseite legen, den Rest in eine Schüssel geben. Graupen, rote Zwiebel, Mandeln, halbierte Trauben und Koriander zugeben. Den Salat mit etwas Marinade befeuchten und mit Salz und Pfeffer würzen. Auf einem Bett aus Brunnenkresse anrichten und die Fleischstreifen darauflegen. Mit Gurkenscheiben, Radieschen und Zitronenvierteln garnieren.

Rechts: Pastinak-Dattel-Salat

LIBANESISCHE KÜCHE

MELONENSALAT MIT KARDAMOM

FÜR 6 PERSONEN

Für diesen Salat können Melonen mit orangefarbenem Fleisch oder grünem/weißem Fleisch verwendet werden, am besten schmeckt er aber mit saftigen Charantais-Melonen oder Kantaloupen. Man kann ihn als fruchtige Beilage zum Hauptgang servieren, vor allem zu Lammgerichten, oder als Dessert.

- *150 ml griechischer Joghurt*
- *½ TL Kardamom, gemahlen*
- *1 TL Honig*
- *80 ml Zitronen- oder Limettensaft*
- *2 mittelgroße Melonen, geschält, entkernt und gewürfelt (oder mit einem Kugelausstecher in Bällchen geformt)*

In einer kleinen Schüssel Joghurt, Kardamom, Honig und Saft vermischen. Die Melonenbällchen oder -würfel in eine Servierschüssel geben, das Dressing darübergießen und den Salat vorsichtig durchheben. Anschließend sofort servieren.

GRAPEFRUIT-AVOCADO-SALAT

FÜR 6 PERSONEN

Mit *satsuma*-Dressing (s. Seite 112) oder einer Zitronen-Vinaigrette serviert, ist dies eine köstliche Vorspeise oder Beilage zu Fleischsalat. Es ist ein Gericht nach israelischer Art, das in den Hotelküchen des einst blühenden Beirut sehr geschätzt wurde.

- *2 süße rosa Grapefruits, geschält und filetiert*
- *2 große, reife Avocados, geschält, entsteint und gewürfelt*
- *100 ml Satsuma-Dressing oder klassische Vinaigrette (s. Seite 107)*
- *2 EL Mandelblättchen, geröstet*

In einer Servierschüssel Grapefruits und Avocado vermischen. Das Dressing darübergießen und den Salat behutsam durchheben. Die gerösteten Mandeln darüberstreuen und sofort servieren.

SÜSS-SAURE ZUCCHINI
KUSA BI ZAIT

FÜR 6 PERSONEN

Die Zucchini ist im Libanon nicht so beliebt wie die Aubergine. Dieser Salat hat aber Freunde gefunden, er eignet sich als Vorspeise und als Beilage. Man braucht dafür Weinessig und Zitronensaft, allein mit Zitronensaft erhält er eine mehr arabische Note.

- 100 ml Olivenöl
- 1 rote Zwiebel, feingehackt
- 1 kg Zucchini, gebürstet, geputzt und in 5 cm lange, dünne Stifte geschnitten
- 2 EL Weißweinessig
- 2 EL Zitronensaft
- 2 EL Zucker
- 1 TL Koriandersamen
- 1 TL Dillsamen
- 1/2 TL Zimt
- Salz und Pfeffer
- 2 EL Pinienkerne, geröstet
- 2 EL Rosinen

Das Öl in einer Pfanne erhitzen und die Zwiebel etwa 5 Min. sanft sautieren, bis sie glasig wird, aber noch nicht gebräunt. Die Zucchini hineinrühren und 10 Min. garen, bis auch sie weich sind.

Essig und Zitronensaft dazugießen und Zucker, Koriander, Dillsamen, Zimt sowie Salz und Pfeffer nach Geschmack hineinrühren. Alles etwa 5 Min. köcheln lassen, dann die Pinienkerne und Rosinen zufügen. Die Zutaten noch einmal 4 bis 5 Min. garen, bis etwas Flüssigkeit verdampft ist und die Zucchini glasiert sind.

Den Salat vor dem Servieren mehrere Stunden oder aber über Nacht kalt stellen.

VORSPEISEN UND SALATE

ROTE-BETE-SALAT
SALATA BANDJAR

FÜR 4 BIS 6 PERSONEN

Diese Kombination eines Milchprodukts mit roten Beten erinnert an die russische und polnische Küche, wenngleich man dort nicht Joghurt, sondern Sauerrahm verwenden würde. Durch das Olivenöl erhält der Salat jedoch eine typisch levantinische Note, und Ricotta – wie er im Libanon hergestellt wird – macht ihn noch reichhaltiger.

- *2 EL Olivenöl*
- *2 EL Zitronensaft*
- *250 ml griechischer Joghurt*
- *$1/2$ TL Kreuzkümmelsamen*
- *50 g Ricotta-Käse (nach Belieben)*
- *Salz und frisch gemahlener Pfeffer*
- *450 g gegarte rote Bete, in dünnen Scheiben*
- *Minzeblätter, gehackt*

In einer großen Schüssel Öl und Zitronensaft mit einer Gabel verschlagen. Dann Joghurt und Kreuzkümmelsamen hineinrühren. Den Ricotta, sofern Sie ihn verwenden wollen, mit der Gabel zerdrücken. Das Dressing nach Geschmack würzen, dann behutsam die rote Bete unterheben.

Den Salat in einer Schüssel anrichten und mit den gehackten Minzeblättern garnieren. Man kann ihn kalt stellen oder sofort servieren.

LIBANESISCHE KÜCHE

MUSCHELN AUS TYRUS

FÜR 4 BIS 6 PERSONEN

Tyrus war in alter Zeit für seine kostbare Purpurfarbe berühmt, die aus der Purpurschnecke gewonnen wurde und nur für Wohlhabende erschwinglich war. Aber neben der Purpurschnecke gab es im belebten Meer vor der Hafenstadt auch Miesmuscheln, verschiedene Venusmuscheln, Garnelen und Krebse, die den tyrenischen Tisch zierten und ins Landesinnere gebracht wurden – so ist es noch heute.

- 1 Knoblauchzehe, zerdrückt
- 1 kleine rote Zwiebel, in dünne Scheiben geschnitten
- 250 ml Weißwein
- 1 kg Venusmuscheln oder kleine Miesmuscheln
- 4 Eiertomaten, abgezogen, entkernt und gehackt
- 2 EL Zitronensaft
- 1 EL samna oder Butter
- 1 EL frischer Koriander, feingehackt

Den Knoblauch und die gehackte Zwiebel mit dem Wein in einen tiefen Topf geben und zum Kochen bringen. 2 Min. köcheln lassen, dann die Muscheln hinzufügen. Den Topfinhalt erneut zum Kochen bringen, dann die Temperatur herunterschalten. Die Muscheln abgedeckt etwa 5 Min. köcheln lassen, bis sie sich öffnen. Bitte Vorsicht: Muscheln, die sich nicht öffnen, sofort wegwerfen!

Die Muscheln auf eine Servierplatte heben und warm stellen. Die Tomaten in die Garflüssigkeit geben und zerdrücken. Die Mischung zum Kochen bringen und leicht einkochen lassen. Kurz vor dem Servieren Zitronensaft, *samna* (oder Butter) und gehackten Koriander hineinrühren. Die Sauce über die Muscheln gießen. Sofort servieren, dazu *chubz* (arabisches Brot) oder *pitta*-Brot zum Aufnehmen der Sauce reichen.

LIBANESISCHER THUNFISCHSALAT

6 BIS 8 PERSONEN

Obwohl man entlang der Küste fast überall frischen Thunfisch bekommt, wird im Libanon Thunfisch aus der Dose auch geschätzt. Dieser Salat ist eine wunderbare Abwechslung zu den westlichen Thunfischsalaten und eignet sich hervorragend als Füllung für *chubz-* oder *pitta-*Brot.

- *3 mittelgroße rote Paprikaschoten*
- *2 Knoblauchzehen, zerdrückt*
- *Salz und frisch gemahlener Pfeffer*
- *3 EL Zitronensaft*
- *100 ml Olivenöl*
- *1 große rote Zwiebel, feingehackt*
- *2 EL frischer Koriander, feingehackt*
- *100 g schwarze Oliven, entsteint, in Scheiben geschnitten*
- *2 hartgekochte Eier, kleingeschnitten*
- *200 g weißer Thunfisch in Öl aus der Dose*
- *Zitronenspalten*

Die Paprikaschoten auf einen Rost unter den heißen Grill setzen und gelegentlich drehen, bis ihre Haut dunkel und blasig wird. Herausnehmen, in eine Papiertüte oder einen Folienbeutel geben und etwa 15 Min. liegen lassen.

In der Zwischenzeit den Knoblauch in einer großen Schüssel mit etwas Salz zu einer Paste verreiben. Zitronensaft unterschlagen, dann das Olivenöl mit dünnem Strahl zugießen und ebenfalls unterschlagen, bis das Dressing emulgiert. Dann Zwiebel und Koriander hineinrühren.

Die Paprikaschoten aus dem Beutel nehmen und abziehen. Stiel, Samen und Rippen entfernen, dann das Fleisch in kurze, dünne Streifen schneiden. Die Paprikastreifen in das Dressing rühren, abdecken und 1 Stunde kalt stellen. Oliven, Eier und zerteilten Thunfisch behutsam unterheben. Den Salat auf einer Servierplatte anrichten und mit Zitronenspalten garnieren.

GEBRATENER FISCH MIT PISTAZIEN
SAMAK BI PISTACCHIO

FÜR 6 PERSONEN

Im Libanon würde man für dieses Gericht vermutlich Zackenbarsch *(merou)* oder Meerbrasse *(farrideh)* verwenden. Man kann aber auch Seezunge oder Seebarsch nehmen.

- *50 g feine Semmelbrösel*
- *100 g Pistazienkerne, feingehackt und zerstoßen*
- *3 EL glattblättrige Petersilie, feingehackt*
- *Salz und frisch gemahlener Pfeffer*
- *2 Eier*
- *6 weißfleischige Fischfilets (jeweils ca. 200 g)*
- *175 g samna oder eine Mischung aus Butter und Olivenöl*
- *Saft von 2 Orangen*
- *Orangenspalten*
- *Pistazien, geröstet und gehackt*

Auf einem großen Teller Semmelbrösel, die zerstoßenen Pistazien, Petersilie sowie Salz und Pfeffer nach Geschmack vermischen. Die Eier in einem Suppenteller leicht verschlagen. Die Fischfilets nacheinander in das Ei tauchen. Kurz abtropfen lassen, dann in der Nußmischung drehen. Die Panade festklopfen, so daß die Filets gleichmäßig überzogen sind. Überschuß abklopfen.

Die Hälfte von *samna* oder der Butter-Öl-Mischung in einer großen Pfanne erhitzen. Drei Filets auf jeder Seite etwa 5 Min. braten. Herausnehmen und warm stellen, während die restlichen drei Filets gebraten werden.

Vor dem Servieren die Pfanne mit dem Orangensaft ablöschen. Die Fischfilets auf einer Platte anrichten und den Pfannensud darübergießen. Mit gerösteten Pistazien und Orangenspalten garniert servieren.

FISCH

FISCH UND REIS IN BRÜHE
SAJADIJA

FÜR 6 PERSONEN

Hier eines der beliebtesten arabischen Fischgerichte, das in libanesischen Fischrestaurants einen festen Platz gefunden hat. Jeder Koch bereitet es auf seine individuelle Weise – einige braten den Fisch zuerst, andere dämpfen ihn, einige pürieren die Zwiebeln, andere lassen sie ganz. Auch die Garnituren variieren.

- *100 g Mehl*
- *Salz und frisch gemahlener Pfeffer*
- *eine große Prise Chilipulver*
- *6 weißfleischige Fischfilets (Seebarsch, Meerbrasse, Kabeljau oder Heilbutt, jeweils ca. 200 g)*
- *250 ml Olivenöl*
- *4 Zwiebeln, gehackt*
- *1 TL Kreuzkümmel, gemahlen*
- *Saft von 2 Zitronen*
- *450 g Langkornreis*
- *2 EL Mandelblättchen, geröstet*
- *glattblättrige Petersilie, gehackt*

Auf einem großen Teller Mehl, Salz und Pfeffer nach Geschmack und eine Prise Chilipulver mit den Händen vermischen. Die Filets in dem gewürzten Mehl wenden, abschütteln und beiseite legen.

In einem großen Schmortopf mit Deckel 3 EL Öl erhitzen und drei Filets 8 bis 10 Min. braten, bis sie gerade weiß sind, zwischendurch einmal wenden. Herausnehmen, noch etwas Öl in den Schmortopf geben und die restlichen Filets braten. Den Fisch, mit Alufolie abgedeckt, im schwach geheizten Backofen warm halten.

Das restliche Öl in den Topf geben. Die gehackten Zwiebeln hineinrühren und bei mittlerer Hitze sautieren, bis sie leicht gebräunt sind. 1 l Wasser oder etwas mehr dazugießen und zum Kochen bringen. Den Deckel auflegen und die Temperatur herunterschalten. Die Zwiebeln etwa 10 Min. garen. Die Mischung portionsweise im Mixer oder in der Küchenmaschine glattpürieren.

Die Hälfte der Brühe wieder in den Topf gießen und Salz nach Geschmack, den Saft von 1 Zitrone und den Reis dazugeben. Falls nötig, noch etwas Wasser hinzufügen, damit der Reis bedeckt ist. Zum Kochen bringen und abgedeckt einige Minuten bei hoher Temperatur garen, dann die Hitze reduzieren und den Topfinhalt bei schwacher Hitze noch einmal etwa 10 Min. garen. Den Reis von der Kochstelle nehmen und abgedeckt weitere 10 Min. ausquellen lassen, bis er weich und körnig ist.

In der Zwischenzeit die verbliebene Hälfte der Brühe in einen kleinen Topf geben und den restlichen Zitronensaft hinzufügen, dann bei hoher Temperatur auf etwa die Hälfte einkochen lassen.

Den Reis auf eine vorgewärmte Servierplatte mit Rand geben. Die Fischfilets um den Reis herum anrichten und die reduzierte Brühe darübergießen. Mit gerösteten Mandelblättchen und gehackter Petersilie bestreuen und sofort servieren.

Römisches Mosaik in Baalbek

GEGRILLTE SARDINEN

FÜR 4 PERSONEN

Gegrillte Sardinen sind in allen Hafenstädten des Mittelmeers sehr beliebt, der Libanon ist da keine Ausnahme. Das Geheimnis ihrer Popularität liegt in der Frische und in der Zubereitungsmethode. Wer keinen Holzkohlengrill zur Verfügung hat, kann die Sardinen auch im Elektrogrill garen.

- *8 frische Sardinen, gesäubert, ausgenommen und entschuppt*
- *100 ml Olivenöl*
- *Saft von 1 Zitrone*
- *1 TL Kardamom, gemahlen*
- *2 EL glattblättrige Petersilie, feingehackt*
- *Salz und frisch gemahlener Pfeffer*
- *Zitronenscheiben*

Die Sardinen unter fließendem Wasser waschen und prüfen, ob alle Schuppen entfernt sind. Auch innen gut auswaschen, dann mit Küchenpapier trockentupfen.

In einer Schüssel Öl, Zitronensaft, Kardamom und Petersilie vermischen. Über den Fisch geben und mit den Fingern in die Haut reiben; mit Salz und Pfeffer nach Geschmack würzen.

Die Fische über Holzkohlenglut oder unter dem vorgeheizten Grill auf jeder Seite etwa 3 Min. garen, dabei mit dem Öl bestreichen. Die Haut sollte gut gebräunt, das Fleisch weiß sein; es muß sich mit der Gabel leicht zerteilen lassen.

Die Sardinen auf eine vorgewärmte Platte legen und das restliche Öl darübergießen. Mit den Zitronenscheiben garniert servieren.

FISCH

KALMAR MIT GURKE UND MINZE

FÜR 6 PERSONEN

Wie in allen Küchen des Mittelmeerraums werden auch in der libanesischen zwei der seltsameren Bewohner der Meerestiefen – Krake und Kalmar – sehr geschätzt. Dies ist ein frischer, kühler, sommerlicher Salat, dem man nach Belieben auch andere Meeresfrüchte beigeben kann.

- 1,5 kg kleine Kalmare, in Ringen oder Streifen
- 250 ml Fischfond
- 250 ml trockener Weißwein
- 4 Frühlingszwiebeln, feingehackt
- 2 Salatgurken, geschält, halbiert, in dünnen Scheiben
- 18 Kirschtomaten, halbiert
- Kopfsalatblätter

DRESSING
- 1 EL Zitronensaft
- 1 Knoblauchzehe, zerdrückt
- 1/2 TL Zucker
- 1 TL Dijonsenf
- 120 ml Olivenöl
- eine große Prise Cayennepfeffer
- 1/2 TL Kreuzkümmel, gemahlen
- 1 EL Minzeblätter, feingehackt
- 250 ml griechischer Joghurt

Den Tintenfisch, Fischfond und Weißwein in einen großen Topf geben. Zum Kochen bringen und abgedeckt etwa 40 Min. köcheln lassen, bis der Kalmar gar ist, dabei gelegentlich durchrühren. Den Kalmar abtropfen lassen und trockentupfen. Dann zum Abkühlen beiseite stellen.

In der Zwischenzeit das Dressing zubereiten: In einer großen Schüssel Zitronensaft, Knoblauch, Zucker und Senf verschlagen. Das Öl mit dünnem Strahl hineingießen, dabei weiter kräftig durchschlagen, bis das Dressing emulgiert. Den Cayennepfeffer (nach Geschmack), Kreuzkümmel und Minzeblätter hineinrühren. Dann den Joghurt behutsam untermischen.

Den abgekühlten Kalmar in die Schüssel geben und vorsichtig unter das Dressing heben, dann 2 bis 3 Stunde kalt stellen. Vor dem Servieren Frühlingszwiebeln, Gurkenscheiben und halbierte Tomaten untermischen. Den Salat auf einem Bett aus Salatblättern anrichten.

FISCH IN SESAMSAUCE
SAMAK BI TAHINA

FÜR 6 PERSONEN

Tahina (Sesampaste) bekommt man in vielen Delikatessenläden und Geschäften, die asiatische Lebensmittel führen. Eine mit *tahina* zubereitete Sauce wird meist einfach als *tarator* bezeichnet, sollte aber nicht mit *tarator* aus Pinienkernen (s. Seite 104) verwechselt werden. Die hier verwendete Sesam-*tarator* serviert man gewöhnlich zu Fisch oder Blumenkohl.

- *400 ml Sesamsauce (s. Seite 106)*
- *100 ml Olivenöl*
- *2 große Zwiebeln, in dünne Scheiben geschnitten*
- *6 weißfleischige Fischfilets (Brasse, Zackenbarsch, Glattbutt, Seebarsch o.ä.)*
- *Salz und frisch gemahlener Pfeffer*

Die Sesamsauce zubereiten und beiseite stellen. Dann das Olivenöl in einer Pfanne erhitzen. Die Zwiebeln zugeben und unter häufigem Rühren anschwitzen, bis sie hell goldbraun sind. Den Backofen auf 180° (Gasherdstufe 2–3) vorheizen. Die Zwiebeln in eine große, ofenfeste Form geben. Die Fischfilets in den Zwiebeln wenden, damit sie mit Öl überzogen sind; dann mit der Hautseite nach oben auf die Zwiebeln legen. Nach Geschmack salzen und pfeffern, mit Alufolie abdecken und für 15 Min. in den Backofen schieben. Die Fischfilets herausnehmen und, falls gewünscht, noch einige Minuten unter den heißen Grill setzen, damit die Haut knusprig wird.

Die Sesamsauce über Filets und Zwiebeln geben. Den Fisch wieder in den Backofen schieben und unbedeckt weitere 20 bis 25 Min. backen, bis die Sauce leicht zu blubbern beginnt. Mit Pilaw-Reis servieren.

FISCH AUS DEM BACKOFEN
SAMAK FI-L FURN

FÜR 4 BIS 6 PERSONEN

Die im Westen verbreitete Methode, Fisch im Backofen zu garen, wurde von den Libanesen begeistert übernommen, da sich diese Zubereitungsmethode für die meisten Mittelmeerfische ausgezeichnet eignet, vor allem für kalte Fischgerichte, die sich im Libanon goßer Beliebtheit erfreuen. Die gekühlten ganzen Fische oder Filets werden meist mit Sesamsauce (*tarator bi tahina*, s. Seite 106), kalter Mandelsauce (*nugada*, s. Seite 105) oder mit Zitronen-Chutney (s. Seite 111) serviert.

- *1 ganzer Seebarsch oder Meerbrasse, oder 2 bis 3 ganze Meerbarben*
- *Saft einer halben Zitrone*
- *1 Knoblauchzehe, zerdrückt*
- *100 ml Olivenöl*
- *2 TL Oregano*
- *Salz und frisch gemahlener Pfeffer*
- *Zitronenspalten (nach Belieben)*

In einer kleinen Schüssel den Knoblauch mit dem Zitronensaft zu einer Paste verreiben. Das Olivenöl sorgfältig unterschlagen, bis es emulgiert ist, dann Oregano sowie Salz und Pfeffer nach Geschmack hinzufügen.

Den Fisch auf ein großes Stück Alufolie legen. Etwas Marinade darübergießen und auf beiden Seiten in den Fisch einreiben. Die Folie zusammenfalten und den Fisch für 1 bis 2 Stunden in den Kühlschrank stellen.

Den Backofen auf 180° (Gasherdstufe 2–3) vorheizen. Noch etwas Marinade auf den Fisch geben, dann die Alufolie wieder schließen. Den Fisch auf einem Backblech 40 bis 50 Min. garen, je nach Größe und Menge. Das Fleisch mit einem Messer oder Spieß einstechen – es sollte weiß sein.

Heiß mit Zitronenspalten servieren. Oder kalt servieren – in diesem Fall die Haut entfernen und eine der obengenannten Saucen darübergeben bzw. dazureichen.

FISCH   71

GEFÜLLTER FISCH
SAMAK HARRAH

FÜR 6 PERSONEN

Von diesem Rezept gibt es viele Varianten. Die Granatapfelkerne kamen einst aus dem Iran und werden heute im Libanon sehr geschätzt. Wenn weißfleischiger Fisch verwendet wird, reicht man ihn häufig kalt mit *tarator bi sunuba* (**Pinienkernsauce, s. Seite 104**). Fettreichere Fische serviert man stets heiß, nur mit Zitronenspalten garniert.

- *1 Seebarsch oder Meeresche (ca 2 kg), gesäubert, ausgenommen und entschuppt (oder 6 Makrelen, je ca. 300 g)*
- *Olivenöl*
- *Salz und frisch gemahlener Pfeffer*
- *1 kleine Zwiebel, feingehackt*
- *½ grüne Paprikaschote, feingehackt*
- *75 g Pinienkerne*
- *½ TL Koriandersamen, zerstoßen*
- *25 g frische Brotkrumen*
- *2 bis 3 EL Sultaninen*
- *2 EL Granatapfelkerne (nach Belieben)*
- *5 EL glattblättrige Petersilie, feingehackt*
- *4 EL frisch gepreßter Zitronensaft*
- *Gurke, Oliven, Tomaten, grüne Paprika, Pimientos, Anchovis, hartgekochte Eier, geröstete Pinienkerne (nach Belieben)*
- *Zitronenspalten oder tarator bi sunuba (s. Seite 104, nach Belieben)*

Wenn Sie einen ganzen weißfleischigen Fisch füllen wollen, diesen mit reichlich Öl sowie Salz und Pfeffer nach Geschmack einreiben und für 1 Stunde kalt stellen.

Falls Makrelen verwendet werden, diese bitte nicht vom Fischhändler ausnehmen lassen. Zu Hause die Köpfe so abtrennen, daß sie noch leicht mit dem Körper verbunden bleiben. Die Schwänze ruckartig umbiegen, damit die Mittelgräten durchbrechen, dann hin- und herbewegen, um Gräten und Fleisch voneinander zu lösen. Die Fische mit einem Löffel ausnehmen und die gelockerte Mittelgräte vorsichtig herausziehen. Mit dem Löffel auf die Fischseiten drücken, um die Bauchhöhle zum Füllen zu vergrößern. Die Fische innen und außen waschen, trockentupfen und beiseite stellen.

Zur Herstellung der Füllung 3 EL Olivenöl erhitzen. Die Zwiebel etwa 5 Min. bei mittlerer Hitze unter Rühren sautieren, bis sie weich ist und Farbe annimmt. Pinienkerne hinzufügen und 2 Min. rühren, dann Koriandersamen und Brotkrumen zugeben. Etwa 1 Min. weiterrühren. Die Pfanne von der Kochstelle nehmen und Sultaninen, Granatapfelkerne (falls verwendet) und Petersilie hinzufügen. Die Füllung nach Geschmack salzen und pfeffern und mit 1 EL Zitronensaft befeuchten.

Den Backofen auf 200° (Gasherdstufe 3–4) vorheizen. Dann den Fisch füllen. Einen großen Fisch mit einem Stück Küchengarn zubinden oder mit Zahnstochern zustecken. Makrelen durch die Kopföffnung füllen und dann die Köpfe wieder aufsetzen. Den Fisch auf ein Backblech legen und den restlichen Zitronensaft darübergeben (bei weißfleischigem Fisch wenn nötig auch noch etwas Öl).

Den Fisch in den vorgeheizten Backofen schieben und locker mit Alufolie abgedeckt backen – einen großen Fisch etwa 40 bis 45 Min., Makrelen etwa 30 Min.

Den Fisch aus dem Backofen nehmen. Die Makrelen sofort mit Zitronenspalten servieren, den weißfleischigen Fisch entweder warm servieren oder abkühlen lassen und die Pinienkernsauce dazureichen.

Kalter Fisch wird gewöhnlich mit hauchdünnen Gurkenscheiben, Olivenringen, Tomatenröschen und Blättern aus grüner Paprika, außerdem mit Pimiento- und Anchovistreifen, hartgekochten Eiern und gerösteten Pinienkernen garniert.

LIBANESISCHE KÜCHE

ZITRONEN MIT SARDINENFÜLLUNG
HAMID MAHSCHI WA SARDIN

FÜR 6 PERSONEN

Sardinen gelten, wie auch Linsen, traditionell als Nahrungsmittel der Armen, sie genießen heute jedoch beträchtlich mehr Anerkennung. An der Küste des Libanon wurden sie schon immer geschätzt. Dort werden sie meist einfach gegrillt (s. Seite 69) oder gefüllt im Backofen gegart (s. nebenstehendes Rezept). Dieses Gericht hier kann als leichtes Mittagessen oder als Vorspeise serviert werden.

- *3 dicke, möglichst runde Zitronen*
- *2 Dosen Ölsardinen (je 150 g), abgetropft*
- *3 EL Mayonnaise*
- *1 1/2 EL Dijonsenf*
- *1 große Stange Staudensellerie, feingehackt*
- *4 Frühlingszwiebeln, feingehackt*
- *2 EL glattblättrige Petersilie, feingehackt*
- *Salz und frisch gemahlener Pfeffer*
- *2 EL Pinienkerne, geröstet*
- *grüne Oliven, längs in Scheiben geschnitten*

Die Zitronen halbieren und auspressen, den Saft beiseite stellen. Von jeder Hälfte unten vorsichtig eine dünne Scheibe abschneiden, damit sie wie eine kleine Tasse aufrecht stehen kann. Mit den Fingern aus den Hälften die innere Haut möglichst herauslösen. Die Schalen einige Minuten umgedreht stehen lassen.

In der Zwischenzeit die abgetropften Sardinen in eine Schüssel geben. Mit Mayonnaise, Senf und 2 EL Zitronensaft zerdrücken. Es sollte eine recht glatte Paste entstehen. Gehackten Sellerie, Zwiebeln und Petersilie untermischen. Nach Geschmack salzen und pfeffern und noch einmal durchrühren.

Die Sardinenmischung in die 6 Zitronenhälften füllen und mit gerösteten Pinienkernen und Olivenscheiben garnieren. Kurz kalt stellen (maximal 2 Stunden) und mit warmem *chubz* (arabischem Brot) oder *pitta*-Brot servieren.

FISCH-KEBAB
SAMAK KEBAB

FÜR 6 PERSONEN

Kebab ist eines der typischen Gerichte des Nahen Ostens, mit Fisch zubereitet findet man es jedoch nur an der Küste. Es wird gewöhnlich über Kohle gegart, diese Spieße hier können jedoch auch in einem Elektrogrill gegart werden. Als Beilage eignet sich Zitronen-Chutney (s. Seite 111) ausgezeichnet.

- 4 Zwiebeln, grobgehackt
- Saft von 3 Zitronen
- 60 ml Olivenöl
- eine große Prise Cayennepfeffer
- 2 TL Kreuzkümmel / 2 Lorbeerblätter
- 1 EL pürierte Tomaten
- 18 bis 24 Kirschtomaten
- 1 kg Fischfilet (Seeteufel oder Seebarsch), in kleine Würfel geschnitten
- 6 kleine Zucchini, in je 3 bis 4 Stücke geschnitten
- Olivenöl / Zitronenspalten

Mit der Knoblauchpresse den Saft aus den Zwiebelwürfeln drücken. In einer Schüssel Zwiebel- und Zitronensaft vermischen, dann Öl, Cayennepfeffer (nach Belieben), Kreuzkümmel und pürierte Tomaten unterschlagen. Die Lorbeerblätter hinzufügen.

Die Fischwürfel in eine größere Schüssel geben und die Marinade darübergeben. Die Würfel mit den Fingern in der Marinade wälzen. Abdecken und für 1 Stunde kalt stellen.

Fischwürfel, Zucchinistücke und Kirschtomaten auf sechs große oder zwölf kleine Spieße stecken. Auf den Holzkohlengrill oder in den vorgeheizten Elektrogrill legen und mit etwas Öl bestreichen, insbesondere das Gemüse. 10 bis 15 Min. grillen, bis der Fisch durch und die Zucchini gerade weich sind. Mit Zitronenspalten und Reis oder Bulgur als Beilage sofort servieren.

LIBANESISCHE KÜCHE

GEGRILLTES HÄHNCHEN MIT KNOBLAUCH
FARRUDJ MASCHWI

FÜR 4 BIS 6 PERSONEN

Diese Zubereitung eignet sich besonders für ganze Hähnchen, die halbiert, flachgeklopft, mit Paprika eingerieben und mariniert werden. Man kann jedoch auch zarte Hühnerteile verwenden.

- *3 Hähnchen (je ca. 700 g), halbiert und flachgeklopft, oder 6 bis 8 Hühnerteile*
- *1 EL Paprika*
- *Salz und frisch gemahlener Pfeffer*
- *4 EL Knoblauchsauce (tarator bi zada, s. Seite 111) oder 3 Knoblauchzehen, zerdrückt*
- *3 EL Olivenöl*
- *2 bis 4 EL Zitronensaft*
- *frische Brunnenkresse*
- *Zitronenviertel*

Flachgeklopfte Hähnchenhälften oder Hühnerteile mit Paprika, Salz und Pfeffer einreiben, dabei darauf achten, daß die Gewürze gut verteilt werden. In einer kleinen Schüssel Knoblauchsauce, Olivenöl und 2 EL Zitronensaft verschlagen (falls keine Knoblauchsauce verwendet wird, den Knoblauch im Öl zerdrücken und dann 4 EL Zitronensaft unterschlagen).

Die Marinade über das Huhn gießen und die Teile darin wenden. Falls nötig, noch etwas Öl hinzufügen. Abdecken und über Nacht in den Kühlschrank stellen.

Hähnchenhälften oder Hühnerteile über Holzkohle grillen, bis sie außen leicht gebräunt, innen aber noch saftig sind. Je nach Größe der Teile dauert das 20 bis 40 Min. Um einen Gartest zu machen, einen Spieß in eine fleischige Stelle stecken – der austretende Saft sollte klar sein. (Oder das Fleisch im vorgeheizten Grill garen, zwischendurch gelegentlich drehen.)

Heiß auf einem Bett aus Brunnenkresse servieren, dazu Zitronenviertel reichen.

HÜHNERFLÜGEL MIT KNOBLAUCH
DJAWANIH

FÜR 6 PERSONEN

Diese Hühnerflügel werden auf ganz ähnliche Weise zubereitet wie die Hähnchenhälften im nebenstehenden Rezept. Hühnerflügel sind bei den Libanesen jedoch besonders beliebt. Oft serviert man sie als Vorspeise.

- *12 bis 18 Hühnerflügel, Spitzen abgeschnitten*
- *2 TL Paprika*
- *1 TL Kreuzkümmel, gemahlen*
- *3 bis 4 Knoblauchzehen, zerdrückt*
- *Salz und frisch gemahlener Pfeffer*
- *Saft von 1 Zitrone*
- *4 bis 5 EL Olivenöl*
- *100 ml Sesamsauce (s. Seite 106)*

Die Hühnerflügel waschen und trockentupfen. Paprika und Kreuzkümmel mit den Fingern in die Haut reiben. Die Flügel in eine flache Schüssel legen. In einer kleinen Schüssel Knoblauchzehen mit Salz und Pfeffer nach Geschmack zerdrücken. Zitronensaft und Öl unterschlagen. Die Hühnerflügel ganz mit dieser Mischung überziehen.

Die Flügel etwa 20 Min. über der heißen Holzkohlenglut garen, bis sie außen goldbraun geröstet und innen gar sind – zwischendurch gelegentlich wenden und mit Marinade bepinseln (oder im vorgeheizten Elektrogrill garen).

Zum Abschluß etwas Sesamsauce auf jeden Flügel geben. Am besten sehr heiß servieren.

GEFLÜGEL UND EIER

GEFÜLLTES HUHN »LIBANESISCHE ART«
DADJADJ MAHSCHI

FÜR 6 PERSONEN

Gefülltes Huhn wird überall in der arabischen Welt gern gegessen, von Marokko, wo die Füllung aus Couscous, Zimt und eingelegten Zitronenscheiben besteht, bis hin zum Libanon und Syrien, wo man als Hauptzutat Bulgur oder Reis verwendet, die meist durch Nüsse und Kräuter ergänzt werden.

- *60 g samna oder Butter*
- *250 g gehacktes Lammfleisch*
- *1 große Zwiebel, feingehackt*
- *2 EL Pinienkerne*
- *1 EL Rosinen*
- *225 g Langkornreis*
- *Salz und frisch gemahlener schwarzer Pfeffer*
- *1 Huhn aus Freilandhaltung (ca. 2 kg)*
- *3 EL griechischer Joghurt*
- *1 EL Honig*

In einer Pfanne etwa 15 g Butter erhitzen. Das gehackte Lammfleisch behutsam braten und rühren, damit es rundum gebräunt wird. Mit dem Schaumlöffel auf einen Teller heben. Erneut ca. 15 g Butter in die Pfanne geben und die gehackte Zwiebel bei mittelschwacher Hitze etwa 5 Min. sautieren. Die Pinienkerne hinzufügen und die Zutaten anbraten, bis sowohl Zwiebeln als auch die Pinienkerne leicht gebräunt sind. Rosinen und Reis zugeben und 1 bis 2 Min. rühren, bis der Reis glasig wird. Nach Geschmack salzen und pfeffern, dann einen halben Liter Wasser dazugießen und aufkochen. Die Temperatur reduzieren und den Reis abgedeckt etwa 25 Min. köcheln lassen, bis er das Wasser aufgenommen hat. Leicht abkühlen lassen.

Den Backofen auf 200° (Gasherdstufe 3–4) vorheizen. Restliche *samna* oder Butter in einem Topf zerlassen, dann von der Kochstelle nehmen. Den Honig hineinrühren, bis er sich auflöst, dann den Joghurt. Das Huhn mit der Reismischung füllen und die Bauchöffnung mit Zahnstochern zustecken. Verbliebenen Reis im Topf lassen und später wieder erhitzen. Das Huhn in einen Bräter legen und großzügig mit Joghurt-Gurken-Sauce bestreichen.

Das Huhn 20 Min. braten, dann die Hitze auf 180° (Gasherdstufe 2–3) reduzieren. Noch einmal 75 bis 90 Min. braten, zwischendurch zweimal mit Joghurtsauce bestreichen. Um den Gartest zu machen, das Huhn mit einem Spieß am Hüftgelenk einstechen – der austretende Saft sollte klar sein.

Den restlichen Reis bei schwacher Temperatur behutsam erhitzen und mit etwas Bratensaft anfeuchten. Das Huhn heiß servieren.

Das libanesische Klima läßt Zitronen gedeihen.

HUHN MIT APRIKOSEN UND OLIVEN

FÜR 8 PERSONEN

Diese pikant-fruchtige Kombination ist eigentlich für die israelische Küche typischer als für die libanesische. Israel ist Europas bedeutendster Lieferant von Trockenfrüchten, die dort häufig für Schmortöpfe und Desserts verwendet werden. Doch Delikatessen überwinden bekanntlich alle Landesgrenzen, und Gerichte wie dieses hier haben auch im Libanon Verbreitung gefunden, wenngleich in abgewandelter Form, zum Beispiel mit heimischen Spezialitäten wie *arak* (s. Seite 12).

- 1,5 kg Hühnerfleisch ohne Haut und Knochen, gewürfelt
- 5 Knoblauchzehen, zerdrückt
- 100 g eßfertige Trockenaprikosen, gehackt
- 100 g schwarze griechische Oliven
- ½ TL abgeriebene Orangenschale
- 5 EL Orangensaft
- 2 EL Zitronensaft oder Weißweinessig
- 100 ml arak oder Ouzo
- 30 ml frische Fenchelblätter
- 2 EL Olivenöl
- 100 g hellbrauner Zucker

Den Backofen auf 200° (Gasherdstufe 3–4) vorheizen. Alle Zutaten in einer großen Schüssel vermischen. Abdecken und über Nacht in den Kühlschrank stellen. Die Hühnerfleischwürfel auf einem Backblech verteilen und die Marinade mit Oliven und Aprikosen darübergießen. Mit Zucker bestreuen. Für etwa 30 Min. in den Backofen schieben, zwischendurch ein-, zweimal wenden.

Das Fleisch auf eine Servierplatte legen. Oliven und Aprikosen darauf rundherum anrichten. Die Garflüssigkeit durch ein Sieb in einen Topf gießen und bei starker Hitze auf etwa die Hälfte einkochen lassen. Die Sauce über das Fleisch gießen. Warm oder kalt servieren.

GEFLÜGEL UND EIER

HUHN MIT MANDELN UND TRAUBEN

FÜR 6 PERSONEN

Dieses Gericht wird mit süßen hellen Trauben zubereitet, die seit der Zeit der Kreuzfahrer in der Levante als Tafeltrauben und zur Weinbereitung angebaut werden. Die Muskattraube verleiht diesem Gericht ein kräftiges Aroma. Es hat seine Wurzeln in der jahrhundertealten Tradition, gemahlene Mandeln als Dickungsmittel zu benutzen. Im Libanon würde man für die Zubereitung Wildkräuter verwenden – vor allem eine wilde Form des Majoran, die man nur im östlichen Mittelmeerraum findet.

◆ *1 Huhn aus Freilandhaltung (2 kg)*
◆ *Salz und frisch gemahlener Pfeffer*
◆ *¹/₂ TL Zimt*
◆ *eine große Prise Muskatnuß, gerieben*
◆ *frischer Zitronenthymian*
◆ *frischer Majoran*
◆ *250 g Muskattrauben, abgezogen, entkernt und halbiert*
◆ *250 ml süßer Muskateller-Wein*
◆ *1 EL samna oder Butter*
◆ *3 EL Mandelblättchen*
◆ *50 g Mandeln, gemahlen*
◆ *Salz und frisch gemahlener Pfeffer*
◆ *150 ml Sahne*
◆ *2 Eigelb*

Das Huhn waschen und trockentupfen, dann rundum mit Salz und Pfeffer nach Geschmack, Zimt und Muskatnuß einreiben. Dann jeweils 2 oder 3 Stengel Zitronenthymian und Majoran in das Huhn stecken. Das Huhn in einen Schmortopf legen, mit der Hälfte der Trauben füllen und mit dem Wein begießen. Dann für 90 Min. in den auf 200° (Gasherdstufe 3–4) vorgeheizten Backofen schieben.

Das Huhn aus dem Backofen nehmen und auf eine vorgewärmte Platte legen. Trauben und Kräuter herausnehmen, dann das Huhn zerlegen und mit Alufolie abdecken, um es warm zu halten.

In einem kleinen Topf *samna* oder Butter zerlassen und die Mandelblättchen einige Minuten rösten, bis sie leicht gebräunt sind. Mit einem Schaumlöffel herausnehmen und beiseite stellen. Vom Bratensaft mit dem Schaumlöffel das Fett abheben, dann den Saft durch ein Sieb in einen Topf gießen und bis kurz vor den Siedepunkt erhitzen. Restliche Trauben und geriebene Mandeln hineinrühren. Die Mischung einige Minuten garen.

In einer kleinen Schüssel die Sahne mit dem Eigelb verschlagen. Einen Löffel heiße Bratensauce unter die Ei-Mischung rühren. Den Topf von der Kochstelle nehmen und die Ei-Mischung hinrühren. Die Sauce sollte beim Rühren dick werden. Etwas Sauce über das Huhn gießen und die Mandelblättchen darüberstreuen. Die restliche Sauce in eine Sauciere füllen. Als Beilage zum Beispiel *mudardara* (s. Seite 98) oder Pilaw-Reis servieren.

KÄSE-EIER
BAID BI DJUBNA

FÜR 4 PERSONEN

Zwei Zutaten, die die Libanesen in gebratener Form lieben: Eier und Käse. Meist werden Kasseri- und Halloumi-Käse verwendet, die im Westen in griechischen, türkischen und libanesischen Lebensmittelläden erhältlich sind. Es eignen sich auch italienischer Pecorino oder Hartkäse aus Ziegen- oder Schafsmilch.

◆ *¹/₂ TL Kreuzkümmel, gemahlen*
◆ *¹/₂ TL Salz*
◆ *2 EL samna oder Butter*
◆ *4 dicke Scheiben Hartkäse (s. o.)*
◆ *4 Eier*

In einem Eierbecher oder einem Salzstreuer Salz und Kreuzkümmel vermischen und beiseite stellen.

Samna oder Butter bei mittlerer Temperatur erhitzen. Den Käse dazugeben und etwa 3 Min. braten, bis sich Blasen bilden. Auf jede Scheibe ein Ei setzen. Die Eier abgedeckt behutsam garen.

Dann mit einem Spatel herausheben und servieren. Vor dem Verzehr ein wenig von der Salz-Kreuzkümmel-Mischung darüberstreuen.

LIBANESISCHE KÜCHE

HARTGEKOCHTE EIER MIT ZWIEBELAROMA
BAID HAMID

FÜR 6 PERSONEN

Diese hartgekochten Eier sind im Nahen Osten sehr beliebt. Sie haben einen sehr typischen Geschmack, eine beige-braune Farbe und passen wunderbar zu Eintöpfen wie *bamia* (s. Seite 91). Gelegentlich serviert man sie auch geviertelt als *mazza* (Vorspeise) oder zu einem Salat, wie etwa süß-saurer Aubergine (*bazinjan rahib*, s. Seite 59).

- 6 Eier
- Schalen von 6 Zwiebeln (Zwiebeln zur weiteren Verwendung zurückstellen)
- Kräutersalz und/oder Zitronenpfeffer (in guten Lebensmittelläden erhältlich)

Die Eier in einen Topf geben und die Zwiebelschalen darauflegen. Die Eier mit kaltem Wasser bedecken und bei ganz schwacher Hitze 6 bis 7 Stunden köcheln lassen, falls nötig Wasser nachfüllen. (Wenn man eine Schicht Öl auf das Wasser gießt, verdunstet es nicht so schnell).

Nach Ablauf dieser Zeit die Eier abschrecken und vor dem Schälen gut abkühlen lassen. Falls Sie es wünschen, mit Kräutersalz und/oder Zitronenpfeffer gewürzt servieren. Diese sehr schmackhaften Eier können bis zu zwei Tage im Kühlschrank aufbewahrt werden, ohne dabei ihr Aroma zu verlieren.

GESCHMORTE ENTE MIT BATATEN

FÜR 6 PERSONEN

Lebende Enten sind, wie Hühner, ein vertrauter Anblick auf libanesischen Straßenmärkten, und in kleineren Städten tummelt sich dieses Federvieh in den Gassen um die Bauernhäuser. Die *Batate* ist ein Gemüse aus Mittelamerika, das Eingang in die regionale Küche und in dieses maronitische Rezept gefunden hat.

- 6 Entenviertel, gewaschen und trockengetupft
- Salz und frisch gemahlener Pfeffer
- 2 Möhren, gehackt
- 2 Stangen Staudensellerie, gehackt
- 1 große Zwiebel, gehackt
- 1 Knoblauchzehe, zerdrückt
- 1 Lorbeerblatt
- 1 TL Thymian
- 6 Kardamomfrüchte
- 1 EL Tomatenmark
- 450 ml Enten- oder Hühnerconsommé
- 1 EL Olivenöl
- 4 mittelgroße Bataten, geschält und grobgewürfelt
- 2 EL Zucker
- 4 EL Rotweinessig
- 1 EL Honig
- 2 EL Sultaninen

LIBANESISCHE KÜCHE

Die Ententeile vollständig von Haut und Fett befreien. Haut und Fett zusammen mit den gesalzenen und gepfefferten Entenvierteln in einen großen, flachen Schmortopf geben. Ungefähr 20 Min. braten, bis die Entenviertel knusprig-braun sind. Haut und Fett wegwerfen, die Entenviertel beiseite stellen. Das ausgebratene Fett durch ein Sieb in einen schweren Topf gießen.

Möhren, Sellerie und Zwiebeln in den Topf geben und ca. 8 Min. unter Rühren sautieren, bis sie gebräunt sind und die Zwiebel weich ist. Das Fett abgießen, den Knoblauch hineinrühren und kurz braten, dann Lorbeerblatt, Thymian, Kardamom, Tomatenmark, Consommé und 250 ml Wasser hinzufügen. Die Zutaten vermischen und zum Kochen bringen; die Hitze etwas reduzieren. 30 Min. köcheln lassen, dabei gelegentlich den Schaum abschöpfen. Den Backofen auf 180° (Gasherdstufe 2–3) vorheizen.

Die Ententeile wieder in den Schmortopf legen, die Brühe durch ein Sieb darübergießen. Das Fleisch abgedeckt noch einmal etwa 40 Min. garen, bis es durch ist.

In der Zwischenzeit die Bataten in einen Topf geben, mit Wasser bedecken und zum Kochen bringen. 5 Min. garen, dann sorgfältig abtropfen lassen und beiseite stellen.

Wenn das Fleisch gar ist, die Ententeile mit dem Schaumlöffel aus dem Schmortopf nehmen und die Garflüssigkeit durch ein Sieb in eine Schüssel gießen. Das Olivenöl in den Schmortopf geben und die Bataten etwa 5 Min. sautieren, dabei behutsam rühren, um sie rundum zu überziehen. Die Ententeile hinzufügen und den Topf von der Kochstelle nehmen.

Die Brühe entfetten. In einem Topf Zucker und Essig aufkochen und rühren, bis die Mischung zu karamelisieren beginnt. Brühe und Honig unterschlagen.

Die süßsaure Sauce über Bataten und Entenviertel gießen, die Sultaninen hinzufügen und den Deckel auflegen. Noch einmal etwa 10 Min. köcheln lassen, dann das Gericht im Topf sofort servieren.

GEFLÜGEL UND EIER

PUTE MIT BITTERORANGEN
HABISCH WA LAIMUN

FÜR 8 PERSONEN

Bei den Puten, die man in der Levante frei umherlaufen sieht, handelt es sich um eine kleine Rasse mit schwarzen Hälsen, die schmackhaftes, aber leider nicht immer zartes Fleisch hat. Die hier verwendete saure Marinade macht das Fleisch zart und verleiht ihm gleichzeitig eine leicht säuerliche Fruchtigkeit. Bitterorangen wurden von den Arabern nach Südeuropa gebracht.

- *1 Pute (ca. 4,5 bis 5,5 kg)*
- *6 Bitterorangen*
- *4 Knoblauchzehen, in Scheiben geschnitten*
- *3 rote oder milde gelbe Zwiebeln*
- *2 EL frischer Majoran, feingehackt*
- *100 ml Olivenöl*
- *1 TL Koriander, gemahlen*
- *Salz und frisch gemahlener Pfeffer*
- *glattblättrige Petersilie*
- *200 ml griechischer Joghurt (nach Belieben)*

Die Pute waschen und mit Küchenpapier trockentupfen. Den Saft von vier Orangen auspressen, die übrigen zwei zunächst beiseite legen.

Kleine Einschnitte in die Pute machen und die Knoblauchscheiben hineinstecken. Zwei Zwiebeln in dünne Scheiben schneiden, in einen großen Schmortopf aus Email oder Keramik geben und die Pute darauflegen. Mit dem Majoran bestreuen und den Orangensaft darübergießen. Den Topf abdecken und für einen Tag kalt stellen, zwischendurch die Pute mehrmals in der Marinade drehen. Den Backofen auf 200° (Gasherdstufe 3–4) vorheizen. Die Pute aus der Marinade nehmen und trockentupfen. Dann rundum mit Olivenöl, gemahlenem Koriander sowie Salz und Pfeffer nach Geschmack einreiben.

Die Zwiebelscheiben mit dem Schaumlöffel aus der Marinade heben und auf dem Boden einer ofenfesten Form verteilen. Die Pute mit der Brust nach unten darauflegen und die Marinade darübergießen. 10 Min. im Backofen braten, dann die Temperatur auf 170° (Gasherdstufe 2) reduzieren und die Pute noch einmal 2 1/2 Stunden braten, bis beim Einstechen mit einem Spieß oder einem scharfen Messer klarer Saft aus dem Fleisch austritt. Zwischendurch die Pute gelegentlich mit dem Bratensaft beschöpfen und nötigenfalls noch etwas Wasser hinzufügen.

Die Pute herausnehmen, auf eine Servierplatte legen und 15 Min. abgedeckt stehen lassen. Den Bratensaft durch ein Sieb in einen Topf gießen. Die übrigen zwei Orangen schälen, filetieren und in den Topf geben. Die Sauce bei starker Hitze kochen, bis sie etwas eingedickt ist. Die Pute in Portionsstücke teilen, die Brust in Scheiben schneiden. Auf der Platte anrichten. Die verbliebene Zwiebel in Scheiben schneiden und die Ringe auf das Fleisch legen. Den Bratensaft durch ein Sieb darübergießen und die Orangenschnitze darauflegen. Mit glattblättriger Petersilie garniert sofort servieren.

Die Pute kann auch kalt gegessen werden. Vor dem Kaltstellen einen Teil der Sauce und die feingehackte Petersilie mit dem Joghurt verrühren.

LIBANESISCHE KÜCHE

FLEISCH-GERICHTE
AL-LAHM

LIBANESISCHES SHISH KEBAB
LAHM MASCHWI

FÜR 6 PERSONEN

Shish kebab stammt ursprünglich aus der Türkei, doch wurden diese Fleischspieße so beliebt, daß sie bis nach Thailand, in die USA und nach Rußland vordrangen. Die levantinische Variante wird mit Hammel oder Lamm zubereitet, ersatzweise kann aber auch Rindfleisch oder Leber verwendet werden. Unverzichtbar ist jedoch die vinaigrette-ähnliche Marinade.

- 1 kg zarte Keule oder Lende vom Lamm
- 1 große Zwiebel, geviertelt
- 1 große grüne Paprikaschote ohne Stiel und Samen
- 20 Kirschtomaten

MARINADE
- 1 Zwiebel, in dünne Scheiben geschnitten
- 2 EL Olivenöl
- 3 EL frisch gepreßter Zitronensaft
- Salz und frisch gemahlener Pfeffer
- 1 TL Knoblauchsauce oder 2 Knoblauchzehen
- 1 rote Chilischote, zerstoßen, getrocknet
- 1 TL Kreuzkümmel, gemahlen
- ½ TL Zimt, gemahlen / Zitronenviertel

LIBANESISCHE KÜCHE

Zunächst die Marinade herstellen: Die Zwiebelscheiben in eine große Schüssel geben. Alle anderen Zutaten für die Marinade in ein Glas mit Schraubverschluß füllen (evtl. etwas mehr Salz als üblich verwenden) und mit kräftigem Schütteln vermischen.

Das Lamm in etwa 5 cm große Stücke würfeln und in die Schüssel legen; die Marinade darübergießen. Zwiebeln, Fleisch und Marinade mit den Händen vermischen, bis alles gut überzogen ist. Dann die Schüssel abdecken und für mindestens 8 Stunden oder bis zu einem ganzen Tag in den Kühlschrank stellen.

Alle Zwiebelviertel halbieren und jedes der acht Stücke erneut dreiteilen, so daß Sie insgesamt 24 Stücke haben. Die grüne Paprikaschote in 18 quadratähnliche Stücke schneiden. Das Fleisch aus dem Kühlschrank

nehmen. Paprika, Fleisch, Zwiebel und Tomaten auf große Spieße stecken, dabei jeweils mit einem Paprikaquadrat anfangen und aufhören. Die Spieße 12 bis 15 Min. über Holzkohlenglut grillen. Zwischendurch mit Marinade bepinseln und ein paarmal drehen, bis das Fleisch außen gebräunt, innen aber noch rosa ist. (Oder auf einem Rost unter dem vorgeheizten Elektrogrill garen. Eine Fettwanne zum Auffangen des Bratensaftes daruntersetzen.) Die Spieße mit Reis und mit Zitronenvierteln garniert servieren.

ARMENISCHES HACKFLEISCH
KUFTA BI SAINIJA

FÜR 6 BIS 8 PERSONEN

Variationen von diesen »Würstchen« aus Lammhack findet man in den nordöstlichen Regionen, wo der Einfluß von Armeniern und Syrern spürbar ist. Zu kleinen Bällchen geformt, können sie mit Mehl überzogen und fritiert werden. Hier bei diesem Rezept werden sie in Tomatensauce im Backofen gegart.

- *500 g Kartoffeln, geschält und geviertelt*
- *1 Zwiebel, gehackt*
- *ca. 700 g gehacktes Lamm- oder Rindfleisch*
- *2 Eier*
- *4 EL Petersilie, gehackt*
- *5 TL angebratene Minze*
- *1 TL Piment, gemahlen*
- *Salz und frisch gemahlener Pfeffer*
- *5 EL samna oder Butter*
- *5 EL Pinienkerne*
- *2 EL pürierte Tomaten*
- *rote und gelbe Paprikaschote, in Ringe geschnitten*
- *Zitronenspalten*

Die Kartoffeln garen, dann gut abtropfen lassen. Zusammen mit der Zwiebel in die Küchenmaschine geben und pürieren. Das Hackfleisch hinzufügen und das Gerät weiterlaufen lassen, bis die Mischung pastos wird. Eier, Kräuter, Gewürze sowie Salz und Pfeffer nach Geschmack zu-

geben. Den Mixer laufen lassen, bis alles gut vermengt ist, evtl. gelegentlich die Masse von den Wänden abstreichen. Dann für 1 Stunde kalt stellen.

Die Pinienkerne bei mittlerer Hitze in 2 EL Butter goldbraun sautieren. Etwas abkühlen lassen. Das Fleisch aus dem Kühlschrank nehmen und acht Bällchen formen. Ein Stück Butterbrotpapier auf die Arbeitsfläche oder ein Brett legen und ein Bällchen zu einem länglichen Rechteck auseinanderdrücken. Etwa $3/4$ EL Pinienkerne in die Mitte des Rechteckes setzen. Die Fleischmasse um sie herum zu einer Wurst aufrollen und die Enden zusammendrücken. Mit restlichen Fleischbällchen und Pinienkernen ebenso verfahren.

Den Backofen auf 180° (Gasherdstufe 2–3) vorheizen. Die acht »Würste« dicht auf ein geöltes Backblech legen. In einem kleinen Topf restliche *samna* oder Butter zerlassen und die pürierten Tomaten unterrühren. Die Mischung über die Würste geben; das Fleisch soll möglichst bedeckt sein. Etwa 45 Min. im Backofen garen, bis das Fleisch gebräunt und die Sauce eingekocht ist.

Mit roten und gelben Paprikaringen und Zitronenspalten garniert servieren.

BLECH-KUBBA
KUBBA BI SAYNIYEH

Obwohl einzelne Fleischbällchen (*kubba*, s. Seite 43) häufiger als *mazza* serviert werden, kann man auch diese Blech-*kubba* in Quadrate geschnitten als Vorspeise reichen – ein wunderbares Hauptgericht mit einer etwas trockenen Konsistenz, das gut durch eine süß-saure Aubergine (*bazinjan rahib*, s. Seite 59) ergänzt werden kann.

- 120 ml Wasser
- 120 ml Tomatensaft aus der Dose
- 60 ml frisch gepreßter Zitronensaft
- 275 g Bulgur, feingeschrotet
- 450 g gehacktes Lammfleisch
- 1 TL Paprika
- ½ TL Kreuzkümmel, gemahlen
- eine große Prise Cayennepfeffer
- Salz und frisch gemahlener Pfeffer
- 1½ EL Sesam (nach Belieben)
- 60 ml zerlassene samna oder Butter
- 2 EL Sonnenblumenöl

FÜLLUNG
- 1 EL Olivenöl
- 1 Zwiebel, feingehackt
- 350 g gehacktes Lammfleisch
- 50 g Walnüsse oder Pinienkerne, gehackt
- ½ TL Piment (s. Seite 17)
- Salz und frisch gemahlener Pfeffer

Zunächst den »Teig« herstellen. In einer Schüssel Wasser, Tomatensaft und Zitronensaft verrühren. Den Bulgur hinzufügen, untermischen und für 10 Min. beiseite stellen. In der Küchenmaschine gehacktes Lammfleisch, Gewürze sowie Salz und Pfeffer nach Geschmack vermischen. Das Gerät laufen lassen, bis die Mischung eine pastose Konsistenz bekommt. In die laufende Maschine nach und nach Bulgur und Saft geben, bis alles gut vermischt ist.

Die Fleischmasse aus der Küchenmaschine nehmen und mit den Händen kneten, bis sie sich geschmeidiger anfühlt, dann für 2 Stunde kalt stellen.

In der Zwischenzeit die Füllung zubereiten: In einer Pfanne das Olivenöl erhitzen und die Zwiebel sautieren, bis sie leicht gebräunt ist. Das Lammhack zugeben und unter Rühren bräunen. Von der Kochstelle nehmen, überschüssiges Fett abgießen und Nüsse, Piment sowie Salz und Pfeffer nach Geschmack unterrühren.

Zerlassene *samna* oder Butter mit dem Sonnenblumenöl vermischen. Ein wenig auf den Boden einer quadratischen, ofenfesten Form pinseln. Den gekühlten »Teig« halbieren. Von der einen Hälfte jeweils knapp eine Handvoll abnehmen, zwischen den befeuchteten Händen flachklopfen und auf den Boden der Form andrücken, so daß eine Platte entsteht. Die Füllung daraufgeben und gleichmäßig verteilen. Die restliche Masse wie oben flachdrücken und über die Füllung legen. Bis an die Ränder der Form drücken. Sesam, sofern verwendet, in die Oberfläche drücken.

Den Backofen auf 200° (Gasherdstufe 3–4) vorheizen. Den »Kuchen« mit einem Messer teilen – als Hauptgericht in große Quadrate, als *mazza* in kleine Rauten. Sorgfältig mit der *samna*-Olivenöl-Mischung bestreichen und 10 Min. backen, dann die Temperatur auf 180° (Gasherdstufe 2–3) reduzieren und die *kubba* erneut etwa 35 Min. backen. Aus dem Backofen nehmen und vor dem Herausheben abkühlen lassen. Falls gewünscht, mit Joghurtsauce (s. Seite 108) servieren.

Die *kubba* kann auch in den Kühlschrank gestellt und kalt serviert werden.

Blick auf den Quaroun-See

LEBER MIT MINZE
KIBDA BI NA'NA'

FÜR 4 PERSONEN

Dies ist eine für westliche Gaumen ungewöhnliche Kombination, schmeckt aber köstlich. Falls Sie keine frische Minze haben, können Sie sie durch die halbe Menge getrocknete Minze ersetzen, obwohl das Resultat dann nicht ganz so fein wird – und auch nicht so appetitlich aussieht.

- 2 EL *samna* oder eine Mischung aus Butter und Olivenöl
- 1 Zwiebel, in dünne Scheiben geschnitten
- 1 Knoblauchzehe, zerdrückt
- 500 g Kalbs- oder Lammleber, in sehr dünne Scheiben geschnitten
- Mehl zum Wenden
- 100 ml Rotweinessig
- 2 EL frische Minze, sehr fein gehackt

Bei mittelhoher Temperatur 2 EL *samna* oder Butter und Öl erhitzen. Die Zwiebel sautieren, bis sie weich ist, dann den Knoblauch hinzufügen und beides weitergaren, bis die Zwiebel leicht gebräunt ist. Zwiebel und Knoblauch mit dem Schaumlöffel herausheben und beiseite stellen. Die Leber zügig im Mehl wenden, den Überschuß abschütteln.

Restliche *samna* oder Butter und Öl in der Pfanne erhitzen und die Leberstreifen auf beiden Seiten braten. Zwiebeln und Knoblauch erneut in die Pfanne geben, den Essig dazugießen und die Minze hineinrühren. Etwa 5 Min. garen, dabei die Sauce über die Leber schöpfen, bis die Flüssigkeit eingekocht ist und das Fleisch ganz überzieht.

FLEISCHGERICHTE

LAMM-KICHERERBSEN-EINTOPF
LAHM BI HUMMUS WA TAMATIM

FÜR 4 PERSONEN

Lammhaxe ist im Westen als Hauptzutat für das griechische Lamm-*kleftiko* bekannt. Im Libanon wird Lammhaxe oft mit grünen Bohnen oder, wie hier, mit Kichererbsen zubereitet.

- 1 EL Olivenöl
- 2 Zwiebeln, in Scheiben geschnitten
- 3 Knoblauchzehen, feingehackt
- 1 TL Piment
- 2 TL Kreuzkümmel, gemahlen
- 1 Prise zerstoßene, getrocknete rote Chilis
- 1 Lorbeerblatt, zerstoßen
- 4 fleischige Lammhaxen (je etwa 400 g)
- 2 Dosen Kichererbsen (je 400 g), abgespült
- 2 Dosen Tomatenstücke (je 400 g)
- 500 ml Lamm- oder Rinderbrühe
- Salz und frisch gemahlener Pfeffer
- 1 Zitrone
- 50 g Koriander, gehackt

Den Backofen auf 220° (Gasherdstufe 4–5) vorheizen. Das Öl in einen großen Schmortopf gießen, in dem die Lammhaxen genug Platz haben, und bei mittlerer Temperatur erhitzen. Die Zwiebelscheiben hineingeben und 4 Min. sautieren, dann den Knoblauch hinzufügen und etwa 6 Min. garen, bis Zwiebel und Knoblauch weich und leicht gebräunt sind.

Die Zwiebelscheiben mit dem Schaumlöffel in eine große Schüssel heben, Gewürze und Lorbeerblatt untermischen und zurückstellen. Die Haxen in den Schmortopf legen und im Öl drehen, um sie zu bräunen. Dann in den Backofen schieben und gut 30 Min. braten, zwischendurch gelegentlich wenden. Kichererbsen, Tomaten und Brühe in die Schüssel mit den Zwiebeln geben und die Zutaten vermischen. Dann den Schmortopf aus dem Backofen nehmen. Die Kichererbsen-Tomaten-Mischung über das Fleisch gießen und nach Geschmack salzen und pfeffern. Den Topfinhalt auf dem Herd zum Kochen bringen und mit aufgelegtem Deckel noch einmal 1 Stunde auf der unteren Schiene im Backofen garen. Mit einem Messer machen Sie den Gartest: das Fleisch sollte sich leicht einstechen lassen.

Abschließend den Zitronensaft und den Koriander über den Eintopf geben und sofort servieren.

SCHMORFLEISCH MIT OKRAS
BAMIA MASLUQ

FÜR 4 BIS 6 PERSONEN

Dieses Gericht wird gewöhnlich mit Rindfleisch zubereitet, man kann aber auch Lamm verwenden. Die Okras müssen nicht vorgegart werden, haben dann aber eine recht klebrige Konsistenz – eine Eigenschaft, die die Libanesen nicht stört, im Westen aber wenig Freunde hat.

- *1 kg Okras*
- *4 EL samna oder eine Mischung aus Butter und Olivenöl*
- *2 Zwiebeln, in dünne Scheiben geschnitten*
- *1 Knoblauchzehe, zerdrückt*
- *700 g mageres Rindfleisch zum Schmoren, in kleine Würfel geschnitten*
- *3 EL pürierte Tomaten*
- *400 ml heiße Rinderbrühe*
- *Salz und frisch gemahlener Pfeffer*
- *2 EL Rotweinessig oder Zitronensaft*
- *2 EL Koriander, feingehackt*

Die Stiele der Okras abschneiden. (Wenn man vorsichtig ist und nicht in die Schoten schneidet, »bluten« sie nicht und müssen nicht vorgegart werden.) Einen großen Topf mit Wasser zum Kochen bringen. Die geputzten Okras hineingeben und, wenn das Wasser wieder kocht, 3 Min. garen. Dann gut abtropfen lassen.

In einem Schmortopf 3 EL *samna* oder Butter und Öl erhitzen und die Zwiebel bei mittlerer Hitze etwa 5 Min. braten, bis sie weich ist. Den Knoblauch hinzufügen und beides einige Minuten braten, bis die Zwiebel leicht gebräunt ist. Die Zwiebel mit dem Schaumlöffel herausheben, dann restliche *samna* und Fleisch in den Topf geben. Das Fleisch unter Rühren rundum bräunen. Die abgetropften Okras hinzufügen und etwa 3 Min. braten, dann die Zwiebeln wieder in den Schmortopf geben.

Die pürierten Tomaten in die erhitzte Rinderbrühe rühren und die Flüssigkeit über Fleisch und Gemüse gießen. Wieder zum Kochen bringen, dann den Deckel auflegen und die Temperatur reduzieren. Den Topfinhalt unter gelegentlichem Rühren etwa 1 Stunde 45 Min. köcheln, bis das Fleisch beim Einstechen sehr weich ist. Falls nötig die Garflüssigkeit zwischendurch mit etwas Wasser auffüllen. Vor dem Servieren Rotweinessig oder Zitronensaft und den gehackten Koriander unterrühren.

GEFÜLLTE ZUCCHINI
KUSA MAHSCHI

FÜR 4 PERSONEN

Dieses Gericht wird meist mit gehacktem Lammfleisch zubereitet, man kann aber auch Rindfleisch verwenden. Als Gemüse eignen sich Auberginen oder jede beliebige kleine Kürbissorte. Die Libanesen und Syrer benutzen zur Zubereitung einen speziellen Gemüseausstecher, der *munara* genannt wird. Ebenso geeignet sind ein Apfelausstecher, ein Messer oder ein kleiner Kugelausstecher.

- *2 EL Olivenöl*
- *1 Zwiebel, feingehackt*
- *1 Knoblauchzehe, feingehackt*
- *50 g Rosinen*
- *100 g ungegarter Langkornreis*
- *1 TL Minze, getrocknet*
- *1 TL libanesische Gewürzmischung (s. Seite 16)*
- *250 g gehacktes mageres Lammfleisch*
- *4 mittelgroße Zucchini (etwa 18 cm lang und 4 cm dick)*
- *Salz und frisch gemahlener Pfeffer*
- *750 ml Lamm- oder Rinderbrühe*
- *frische Minzeblätter*
- *frische gelbe Zucchiniblüten (nach Belieben)*

Das Olivenöl in einem Topf erhitzen. Die Zwiebel darin 6 Min. schwitzen, dann den Knoblauch hinzufügen und bräunen. Von der Kochstelle nehmen und Rosinen, Reis, Minze und Gewürze einrühren. Etwas abkühlen lassen.

Zwischenzeitlich die Zucchini vorbereiten: Die Stielenden abschneiden und jede Frucht aushöhlen, die Wände sollten noch etwa 3 mm dick sein. Beiseite stellen.

Die Reismischung in die Küchenmaschine geben und das Gerät kurz einschalten, um die Zutaten grob zu mahlen. In einen Topf oder eine Schüssel füllen. Das Lammfleisch in die Küchenmaschine geben und zu einer feinen Paste verarbeiten, zwischendurch das Gerät immer wieder ausschalten und die Masse von den Wänden abstreichen. Das Fleisch zu der Reismischung geben und beides zu einer glatten Masse verkneten.

Mit den Händen oder einem langstieligen Löffel jede Zucchini vorsichtig mit Fleischmasse füllen und diese möglichst fest hineindrücken.

Die Brühe in einen flachen Schmortopf oder eine feuerfeste Form mit Deckel gießen. Die Zucchini hineinlegen, nach Geschmack salzen und pfeffern und den Deckel auflegen. Zum Kochen bringen, dann die Temperatur herunterschalten und den Topfinhalt etwa 25 Min. köcheln lassen, bis die Zucchini weich sind.

Die Zucchini auf eine Servierplatte heben und mit frischen Minzeblättern und, sofern erhältlich, Zucchiniblüten garnieren. Dazu die reduzierte Brühe oder Joghurtsauce (s. Seite 108) reichen.

Weinanbau in der Bekaa-Ebene

HACKFLEISCH-KEBAB
KUFTA HALAQIJA

FÜR 6 BIS 8 PERSONEN

Varianten dieser Hackfleischröllchen findet man im gesamten Nahen Osten, Griechenland und Balkan, im Westen sind sie heute ebenfalls gut bekannt. Die nationalen Versionen unterscheiden sich durch Gewürze und besondere Beigaben und, wie etwa im Fall den armenischen *kufta* (s. Seite 87), durch die Garmethode. Dieses libanesische Rezept ist schlicht und köstlich.

- *4 Scheiben Brot ohne Kruste, gewürfelt (etwa 175 g)*
- *1 Knoblauchzehe, zerdrückt*
- *1 kg gehacktes Lammfleisch*
- *2 kleine Zwiebeln, gerieben*
- *40 g Kreuzkümmel, gemahlen*
- *½ TL Cayennepfeffer*
- *3 EL Petersilie, feingehackt*
- *1 Ei*
- *Salz und frisch gemahlener Pfeffer*
- *Zitronenspalten*

Die Brotwürfel in eine kleine Schüssel geben und mit 4 bis 5 EL Wasser befeuchten. Den Knoblauch hinzufügen und die Zutaten mit den Händen vermischen. Etwa 10 Min. stehen lassen.

In einer großen Schüssel gehacktes Lammfleisch, geriebene Zwiebel, Kreuzkümmel, Cayennepfeffer und Petersilie mit den Händen vermischen. Brotmasse, Ei sowie Salz und Pfeffer nach Geschmack unterkneten, bis alles gut vermischt ist und das Fleisch die Flüssigkeit aufgenommen hat und glatter geworden ist.

Mit den Händen aus der Fleischmasse 6 bis 8 längliche Rollen formen. Dann durch jede Rolle einen Spieß stecken und das Fleisch rundum daran festdrücken.

Die *kebabs* etwa 20 Min. über Holzkohlenglut garen, bis sie gebräunt sind. (Oder im heißen Elektrogrill garen; zwischendurch wenden.)

Mit Zitronenspalten und, falls gewünscht, mit Gurken-Joghurt-Speise (*sadjiq*, s. Seite 59) servieren.

FLEISCHGERICHTE

WÜRZIGE LAMMKOTELETTS
KASTALETA GHANAM

FÜR 6 PERSONEN

Diese pikant gewürzten Koteletts haben nicht nur äußerlich Ähnlichkeit mit den Lamm-*tadooris* der Inder. Sie zeigen, wie schnell sich die Einflüsse in der muslimischen Welt verbreiten.

- 100 ml samna oder Butter
- ½ TL libanesische Gewürzmischung (s. Seite 16)
- 1¼ TL Kardamom, gemahlen
- 1 TL Ingwerpulver
- ½ TL Muskatnuß, gemahlen
- 1 große Prise Koriander
- 1 Prise Nelken
- 1 EL Minze, frisch gehackt
- 1 EL glattblättrige Petersilie, gehackt
- 1 EL Knoblauchsauce (s. Seite 111), oder 1 Knoblauchzehe, zerdrückt
- Salz und frisch gemahlener Pfeffer
- 12 parierte Lammkoteletts

In einem kleinen Topf *samna* oder Butter bei schwacher Hitze zerlassen. Alle Gewürze sowie Minze und Petersilie hinzufügen, gelegentlich umrühren, dann von der Kochstelle nehmen. Knoblauchsauce (oder Knoblauch) unterrühren und die Mischung mindestens 1 Stunde bei Zimmertemperatur stehen lassen.

Die Lammkoteletts salzen und pfeffern. Die *samna* mit den Gewürzen erneut zerlassen, falls sie fest geworden ist, und auf das Fleisch streichen. Die Koteletts über Holzkohlenglut oder im vorgeheizten E-Grill auf jeder Seite etwa 6 bis 8 Min. garen, bis sie außen gut gebräunt, innen noch rosa sind. Auf Servierteller heben und die restliche gewürzte *samna* oder Butter darübergeben. Als Beilage *imdjadra* (s. Seite 98) oder auch *Batatis bi hummus* (s. Seite 100) reichen.

GETREIDE UND GEMÜSE
CHADRAWAT, RUZZ WA BURGHUL

ZUCCHINI MIT WALNÜSSEN
KUSA INGAMAL

FÜR 4 BIS 6 PERSONEN

Obwohl Walnüsse in libanesischen Rezepten seltener auftauchen als Pinienkerne und Pistazien – Walnüsse sind für die türkische Küche typischer –, werden sie dennoch für süße und pikante Gerichte gerne verwendet.

- 5 EL Butter oder Olivenöl
- ca. 700 g Zucchini, gewaschen und in dünne Scheiben geschnitten
- Salz und frisch gemahlener schwarzer Pfeffer
- 75 g Walnußkerne, gehackt
- eine große Prise Piment
- 2 EL Petersilie, feingehackt

Das Öl in einer schweren Pfanne erhitzen und die Zucchini unter Rühren etwa 5 Min. weichsautieren. Salzen und pfeffern, dann Walnüsse und Piment hineinrühren. Die Zucchini gut durchheben, von der Kochstelle nehmen und die Petersilie darüberstreuen. Sofort servieren.

LIBANESISCHE KÜCHE

NUDELN MIT ZITRONE UND ÖL
MACARONA BI LAEMON

FÜR 4 BIS 6 PERSONEN

In alten arabischen Kochbüchern findet man Rezepte für einfache Nudelgerichte, obwohl im Libanon traditionell Nudeln selten verwendet wurden. Heute sind aber Makkaroni, Tagliatelle und andere italienische Hartweizennudeln weit verbreitet – wenngleich sie nach typisch nah-östlicher Art zubereitet werden.

- *500 g Makkaroni oder Spaghetti*
- *Salz und frisch gemahlener Pfeffer*
- *50 g Petersilie, feingehackt*
- *etwa 5 frische Minze- oder Basilikumblätter, feingehackt*
- *100 ml Olivenöl*
- *Saft von 1 Zitrone*

In einem großen Topf Salzwasser zum Kochen bringen, dann die Nudeln und etwas Öl hineingeben. Das Wasser wieder zum Kochen bringen und die Nudeln etwa 15 Min. köcheln lassen, bis sie *al dente* sind. Sorgfältig abtropfen lassen, dann wieder in den Topf geben.

Die feingehackten Kräuter hinzufügen und unter die Nudeln heben. Olivenöl, Zitronensaft sowie Salz und Pfeffer nach Geschmack zugeben und die Nudeln durchmischen, bis sie die meiste Flüssigkeit aufgenommen haben. Dieses Gericht kann warm oder kalt serviert werden.

GEMÜSEAUFLAUF
MUSAKA

FÜR 6 PERSONEN

Der libanesische Name dieses Gerichts deckt sich zwar mit dem des griechischen aus Auberginen, Hackfleisch, Kartoffeln und Käse, doch die Zusammenstellung der Gemüse und Gewürze ist hier typisch für den Nahen Osten. Mit Reis oder Bulgur kann dieses Gericht als Hauptgang serviert werden.

- *750 g Auberginen oder Zucchini, gewaschen und in Würfel geschnitten*
- *Salz und frisch gemahlener Pfeffer*
- *Olivenöl*
- *2 große Zwiebeln, in Scheiben geschnitten*
- *1 grüne Paprikaschote, entkernt und gehackt*
- *1 Knoblauchzehe, feingehackt*
- *750 g reife Tomaten, abgezogen, entkernt und gehackt*
- *150 ml labna (s. Seite 53)*
- *2 bis 3 Eier (nach Belieben), verquirlt*

Die Auberginenwürfel in einen Durchschlag geben und mit Salz bestreuen. 30 Min. Wasser ziehen lassen, dann trockentupfen. (So werden den Auberginen die Bitterstoffe entzogen. Falls Zucchini verwendet werden, entfällt dieser Arbeitsschritt.) Etwa 2 EL Olivenöl in eine Pfanne geben und die Zwiebeln bei mittlerer Hitze etwa 5 Min. braten, bis sie weich sind. Die grüne Paprikaschote hineinrühren und 3 bis 4 Min. weichgaren, bis auch die Zwiebeln leicht gebräunt sind. Den Knoblauch unterrühren und die Pfanne von der Kochstelle nehmen. Mit dem Schaumlöffel den Pfanneninhalt auf einen Teller heben.

Etwa 3 bis 4 EL frisches Öl erhitzen und die Auberginen- oder Zucchiniwürfel hineingeben. Unter Rühren etwa 8 Min. garen, bis sie sich verfärben und weich werden. Überschüssiges Öl abgießen und Auberginen oder Zucchini in der Pfanne verteilen, dann Zwiebeln und Paprika aufschichten. Die gehackten Tomaten darübergeben und glattstreichen. Etwa 250 ml Wasser in die Pfanne gießen und die Zutaten abgedeckt bei schwacher Hitze 30 Min. köcheln lassen.

10 Min. vor Ende der Garzeit löffelweise *labna* und, sofern verwendet, die geschlagenen Eier darübergeben. Mit aufgelegtem Deckel weiter köcheln, bis die Eier gestockt sind. Das Gericht vor dem Servieren nach Geschmack salzen und pfeffern.

GETREIDE UND GEMÜSE

LINSEN UND REIS
MUDARDARA

FÜR 6 BIS 8 PERSONEN

Wie Bibelforscher annehmen, war Esaus Linsengericht, von dem das Buch Genesis berichtet, eine Variante der *mudardara*, wie man sie heute kennt. Jede Familie hat ihr eigenes Rezept für dieses Standardgericht. Zimt ist zwar kein traditionelles Gewürz, wird aber manchmal hinzugefügt, da es die Potenz fördern und Kranken neue Kraft geben soll.

- *200 g braune Linsen, gewaschen und verlesen*
- *5 EL Olivenöl*
- *4 große Zwiebeln, in Scheiben geschnitten*
- *250 g Langkornreis, gewaschen*
- *Salz und frisch gemahlener Pfeffer*
- *¹/₄ TL Zimt (nach Belieben)*

In einem großen Topf Wasser zum Kochen bringen. Die Linsen hineingeben und abgedeckt 25 bis 30 Min. köcheln lassen, bis sie gerade weich sind. In der Zwischenzeit das Olivenöl in einem Schmortopf erhitzen und die Zwiebelscheiben hineinrühren. Bei mittelschwacher Hitze garen, bis sie weich sind und gerade Farbe annehmen. Die Hälfte mit dem Schaumlöffel herausnehmen und beiseite stellen. Die restlichen behutsam weiterbraten, bis sie braun sind. Von der Kochstelle nehmen und in eine Schüssel heben.

Die gegarten Linsen gut abtropfen lassen, die Garflüssigkeit aufbewahren. Die kurz angebratenen Zwiebeln wieder in den Topf geben und den Reis hineinrühren. Garen, bis der Reis glasig ist, dann die abgetropften Linsen, Salz und Pfeffer nach Geschmack und, sofern verwendet, Zimt hineinrühren und die Zutaten gut mit der Garflüssigkeit der Linsen bedecken.

Mit aufgelegtem Deckel bei schwacher Hitze garen, bis der Reis das gesamte Wasser aufgenommen hat. Wenn Reis und Linsen immer noch nicht durch sind, weiteres Linsengarwasser hinzufügen. Zum Schluß die gebräunten Zwiebeln hineinrühren und sofort servieren.

LINSEN UND BULGUR
IMDJADRA

FÜR 6 PERSONEN

Dies ist die libanesische Alternative zur *mudardara* (oben). In Beirut und anderen Städten findet man es seltener als auf dem Land, wo Bulgur immer noch eine herausragende Rolle spielt. Gibt man auf jede Portion ein pochiertes oder gebratenes Ei, wird daraus ein Hauptgericht. (Statt gegarter Linsen können auch gegarte Kichererbsen verwendet werden.)

- *5 EL Olivenöl*
- *3 Zwiebeln, in dünne Scheiben geschnitten*
- *200 g braune Linsen, gewaschen und verlesen*
- *200 g Bulgur, mittelfein geschrotet*
- *Salz und frisch gemahlener Pfeffer*
- *Cayennepfeffer*

Das Öl in einer Pfanne erhitzen. Die Zwiebeln 8 bis 10 Min. braten, bis sie Farbe annehmen. Etwa ein Drittel davon mit dem Schaumlöffel herausheben und beiseite stellen. Den Rest vollständig bräunen und ebenfalls beiseite stellen. In einem Schmortopf die Linsen, mit Wasser bedeckt, etwa 25 Min. garen, bis sie fast durch sind. (Falls nötig während des Garens noch Wasser hinzufügen, aber nicht zuviel.) Bulgur, die zart gebräunten Zwiebeln sowie Salz, Pfeffer und Cayennepfeffer nach Geschmack dazugeben.

Durchrühren, den Deckel auflegen und den Bulgur 10 bis 12 Min. in der restlichen Flüssigkeit (falls nötig noch etwas beigießen) quellen lassen. Die durchgebräunten Zwiebeln hineinrühren und sofort servieren.

REIS MIT PINIENKERNEN UND ROSINEN
PILAW-REIS

FÜR 4 PERSONEN

Pilaw-Reis kam aus dem Osten (aus Indien und dem Iran) und aus der Türkei in den Libanon. Er kann Zutaten aus jeder dieser Kulturen enthalten: Pinienkerne oder Pistazien, Tamarindensaft oder Safran, Korinthen oder Sultaninen. Hier eine recht einfache Version, die gern zu gebratenem Geflügel, aber auch anderen Hauptgerichten gereicht wird.

- *100 ml Olivenöl*
- *2 kleine Zwiebeln, feingehackt*
- *4 EL Pinienkerne*
- *2 EL Korinthen*
- *1/2 TL Safranfäden*
- *500 g Langkornreis*
- *Salz und frisch gemahlener Pfeffer*
- *frische Petersilie und Koriander*
- *Paprika, gemahlen*

Das Olivenöl bei mittlerer Temperatur erhitzen und die gehackten Zwiebeln 6 bis 8 Min. weichsautieren. Die Pinienkerne hinzufügen und einige Minuten anbraten. Wenn Zwiebeln und Nüsse leicht gebräunt sind, Korinthen, Safranfäden und Reis hineinrühren und für etwa 1 Min. garen, bis der Reis glasig ist.

Den Reis nach Geschmack salzen, mit etwa 750 ml Wasser bedecken und abgedeckt bei hoher Temperatur garen. Wenn der Reis das Wasser aufzunehmen beginnt, den Herd ausschalten. Den Reis etwa 20 Min. stehen lassen, bis er das Wasser aufgenommen hat und weich ist. Falls er noch nicht durch ist, 1 EL Wasser oder mehr hinzufügen und den Reis noch einige Minuten köcheln lassen, dann weitere 5 Min. quellen lassen.

Falls gewünscht, den gegarten Reis in eine Form drücken und auf einen Teller stürzen. Mit Petersilie und Koriander garnieren und mit Paprika bestäuben.

GETREIDE UND GEMÜSE

KARTOFFELN MIT KICHERERBSEN
BATATIS BI HUMMUS

FÜR 6 PERSONEN

Hier ein weiteres beliebtes Gericht, das sich auch gut als Hauptgang eignet. Serviert man es als eine vegetarische Hauptmahlzeit, kann man während der letzten 5 Min. Garzeit frischen Spinat dazugeben.

- 120 ml Olivenöl
- 1 große Zwiebel, gehackt
- ca. 500 g kleine rote Kartoffeln, gewaschen und kleingeschnitten
- 2 Knoblauchzehen, feingehackt
- 250 g Kichererbsen, gegart und abgetropft
- 5 mittelgroße Tomaten, geschält, entkernt, gehackt
- Cayennepfeffer
- 1/2 TL Koriandersamen
- Salz und frisch gemahlener Pfeffer
- 50 g frische Petersilie, feingehackt

Das Öl in einem Schmortopf erhitzen. Die Zwiebel hinzufügen und garen, bis sie leicht gebräunt und weich ist. Gehackte Tomaten und Knoblauch beigeben und unter Rühren bei schwacher Hitze 3 bis 4 Min. garen. Kichererbsen, Tomaten, Cayennepfeffer nach Geschmack und Koriandersamen hineinrühren.

Den Topfinhalt abgedeckt 20 Min. köcheln lassen, bis die Kartoffeln durch sind. Nach Geschmack salzen und pfeffern und vor dem Servieren die gehackte Petersilie unterrühren.

Dieses Gericht kann auch über Nacht in den Kühlschrank gestellt und kalt serviert werden.

BRATKARTOFFELN
BATATIS HARRAS

FÜR 4 BIS 6 PERSONEN

Diese Bratkartoffeln gehören zu den pikantesten Gerichten der libanesischen Küche, obwohl libanesische Köche frische Chilis gewöhnlich mit großer Zurückhaltung verwenden. Zudem werden sie mit viel Öl und Knoblauch zubereitet, und sind deshalb nichts für Gourmets mit empfindlichem Magen.

- *100 ml Olivenöl*
- *750 g Kartoffeln, geschält und kleingeschnitten*
- *Salz und frisch gemahlener Pfeffer*
- *3 Knoblauchzehen, zerdrückt*
- *2 scharfe Chilischoten, entkernt und gehackt*
- *50 g Koriander, feingehackt*

Das Olivenöl erhitzen und die Kartoffeln hineingeben. Bei mittlerer Temperatur braten und nach Geschmack salzen und pfeffern. Noch einmal etwa 20 Min. garen, bis die Kartoffeln durch sind. Knoblauch und Chilis hinzufügen und Kartoffeln behutsam durchheben. Mit dem Koriander bestreuen und servieren.

BRAUNE BOHNEN MIT KRÄUTERN
FUL MUDAMMAS

FÜR 4 BIS 6 PERSONEN

Diese kleinen braunen Bohnen zählen zu den dicken Bohnen und sind in der Levante heimisch. Man serviert sie zum Frühstück mit einem Ei, püriert mit Zitronensaft und Olivenöl vermischt als *mazza* oder wie hier als Vorspeise, mit Fleisch als Hauptgang oder als Beilage. Im Nahen Osten, vor allem in Ägypten, haben sich manche Restaurants auf Bohnengerichte spezialisiert.

- *350 g ful medames (braune Bohnen), verlesen und 24 Stunden an einem kühlen Platz eingeweicht*
- *5 EL Olivenöl*
- *Saft von 1 Zitrone*
- *3 Knoblauchzehen, zerdrückt*
- *Salz und frisch gemahlener Pfeffer*
- *1 TL Kreuzkümmel*
- *3 EL frischer Koriander, feingehackt*
- *Olivenöl und Zitronenspalten (nach Belieben)*

Die Bohnen abtropfen lassen und abspülen. In einem großen Topf für die Bohnen knapp die doppelte Volumenmenge Wasser zum Kochen bringen, dann die Bohnen hineingeben. Den Deckel auflegen und das Wasser wieder zum Kochen bringen, dann die Hitze reduzieren und die Bohnen etwa 2½ Stunden kochen lassen, bis sie durch sind. Am Anfang den Schaum abschöpfen. Am Ende der Garzeit sollte das Wasser eingekocht und eingedickt sein. Falls die Mischung noch zu flüssig ist, einen Teil des Wassers abgießen.

Öl, Zitronensaft, Knoblauch, Salz und Pfeffer nach Geschmack, Kreuzkümmel und frischen Koriander hineinrühren. Die Bohnen in einer Servierschüssel anrichten und heiß servieren – oder abkühlen lassen und kalt mit weiterem Olivenöl und Zitronenspalten reichen.

GETREIDE UND GEMÜSE

BATATEN-OKRA-KEBAB

FÜR 6 PERSONEN

Dies ist ein modernes Rezept, das die traditionellen Gemüsesorten des Landes (Okra und Zwiebeln) in sich vereinigt und mit Bataten kombiniert. Die Garmethode ist jedoch schon altüberliefert.

- 24 kleine Okras
- 3 mittelgroße Bataten, geschält und in 8 Stücke geschnitten
- 24 Silberzwiebeln
- 120 ml Olivenöl
- 1 EL Honig
- Salz und frisch gemahlener Pfeffer
- $1/2$ TL Kreuzkümmel, gemahlen

Die Stielenden der Okras abschneiden, die Früchte aber nicht einschneiden. In einem großen Topf Wasser zum Kochen bringen. Die Kartoffeln hineingeben und 5 Min. garen. Die Zwiebeln hineingeben und 4 Min., dann die Okras dazugeben und 1 Min. garen. Die Gemüse abtropfen lassen und in kaltes Wasser legen, um den Garprozeß zu stoppen. Nach einigen Minuten wieder abtropfen lassen. Die Zwiebeln abziehen.

Die Gemüse dann abwechselnd auf 6 große oder 12 kleine Spieße stecken. In einer Schüssel Öl, Honig, Salz und Pfeffer nach Geschmack sowie Kreuzkümmel verschlagen. Die Spieße mit der Mischung bestreichen und über Holzkohlenglut (oder in den heißen Elektrogrill) legen. 8 bis 10 Min. garen, bis die Gemüse durch sind; zwischendurch wenden und hin und wieder mit dem Dressing bestreichen. Sofort servieren.

LIBANESISCHE KÜCHE

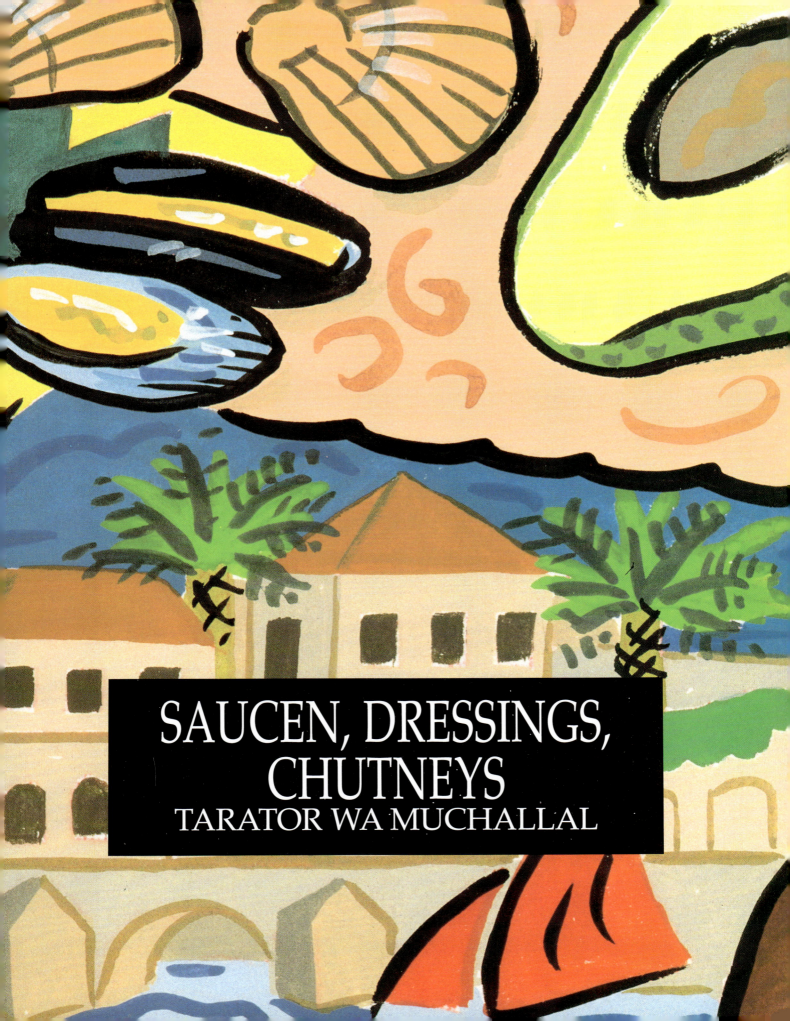

SAUCEN, DRESSINGS, CHUTNEYS
TARATOR WA MUCHALLAL

PINIENKERNSAUCE
TARATOR BI SUNUBA

ERGIBT ETWA 450 ML

Dies ist eine Sauce, die gewöhnlich zu Fisch gereicht wird, obwohl sie nach westlichem Geschmack auch gut zu Nudeln, Kalbfleisch und Geflügelgerichten paßt. Sie wird meist kalt serviert, man kann sie jedoch auch zum Garen von Fisch oder Fleisch verwenden. Servieren Sie doch einmal Kalbfleisch, das wie *vitello tonnato* zubereitet wurde, doch ersetzen Sie dabei die Thunfischsauce durch diese *tarator*.

- *1 Knoblauchzehe, zerdrückt*
- *Salz*
- *2 Scheiben Weißbrot, ohne Kruste, gewürfelt*
- *250 g Pinienkerne*
- *¼ TL Cayennepfeffer*
- *Saft von 2 Zitronen*

Den Knoblauch mit einer Prise Salz in einer Schüssel möglichst gut zerreiben. Die Brotwürfel hinzufügen, mit warmem Wasser bedecken und 10 Min. stehen lassen.

In der Zwischenzeit die Pinienkerne im Mixer oder in der Küchenmaschine feinmahlen, dann das Wasser aus dem Brot pressen und dieses mit Knoblauch und Cayennepfeffer zu den Pinienkernen geben. Das Gerät kurz einschalten, dann nach und nach den Zitronensaft in die laufende Maschine geben. Es sollte eine cremige Sauce entstehen. Falls nötig, noch etwas Wasser hinzufügen. Sofort servieren oder abdecken und kalt stellen.

Die Sauce hält sich im Kühlschrank etwa zwei Wochen und kann auch eingefroren werden.

PISTAZIENSAUCE
TARATOR BI FUSTUQ

ERGIBT ETWA 300 ML

Wie andere Nußsaucen ist auch diese kalt, aber sie kann für warme Speisen verwendet und beispielsweise über Fisch gegeben oder Nudeln gegeben werden; oder man reicht sie zu kaltem Fisch, Kalbfleisch oder Huhn. Da sie sehr reichhaltig ist, sollte man nur wenig davon nehmen. Im Libanon und anderen arabischen Ländern würde man für dieses Rezept *mesh* verwenden, einen sehr salzigen, reifen Käse. Reifer *Pecorino* eignet sich jedoch gut als Ersatz.

- *150 g Pistazienkerne, geröstet*
- *1 Knoblauchzehe, zerdrückt*
- *2 EL Petersilie, gehackt*
- *2 EL frisch gepreßter Zitronensaft*
- *3 EL Olivenöl*
- *100 ml griechischer Joghurt*
- *etwa 25 g reifer Pecorino-Käse, gerieben*

Pistazien, Knoblauch und Petersilie in den Mixer oder die Küchenmaschine geben und das Gerät kurz einschalten, um die Mischung grobzuhacken. Den Zitronensaft hinzufügen und das Gerät laufen lassen. Wenn die Mischung glatter geworden ist, bei laufendem Gerät langsam eßlöffelweise das Olivenöl hinzufügen, bis die Sauce emulgiert. Zum Schluß Joghurt und Käse beigeben und die Mischung glattpürieren. Die Sauce in eine Schüssel geben und sofort servieren oder kalt stellen.

Die Sauce hält sich im Kühlschrank bis zu einer Woche. Zum Einfrieren ist sie nicht geeignet.

LIBANESISCHE KÜCHE

KALTE MANDELSAUCE
NUGADA

ERGIBT ETWA 500 ML

Diese süßliche Sauce mit Knoblauch ist eng verwandt mit Nougat, das Kreuzfahrer aus Italien, Frankreich und Spanien in ihre Heimat brachten. Sie paßt zu kaltem weißfleischigem Fisch, Huhn oder Pute.

- *300 g Mandeln, gemahlen*
- *Salz und frisch gemahlener Pfeffer*
- *1 Prise Zucker*
- *2 Knoblauchzehen, zerdrückt*
- *Saft von 2 Zitronen*
- *120 ml Olivenöl*
- *3 EL Petersilie, feingehackt*

In einer Schüssel die gemahlenen Mandeln mit Salz und Pfeffer nach Geschmack und dem Zucker gut vermischen. Den Knoblauch in die Mandelmischung einarbeiten. Dann langsam den Zitronensaft hineinrühren und nach und nach das Olivenöl unterschlagen, bis die Sauce die gewünschte Konsistenz hat. (Dafür können Sie auch die Küchenmaschine oder den Mixer nehmen, von Hand bekommt die Sauce aber eine bessere Qualität.)

Wenn die Sauce emulgiert ist, die gehackte Petersilie unterrühren. Sofort servieren oder abdecken und kalt stellen. Die Sauce hält sich im Kühlschrank bis zu zwei Wochen, sie kann auch eingefroren werden.

SAUCEN, DRESSINGS, CHUTNEYS

SESAMSAUCE
TARATOR BI TAHINA

ERGIBT ETWA 400 ML

Dies ist die beliebteste Sauce im Libanon. Sie wird warm oder kalt zu Fisch und Gemüsen serviert, und mit ihrer traumhaften »Nussigkeit« erinnert sie ein wenig an indonesische Erdnußsauce *(gado-gado)*.

- 2 Knoblauchzehen, zerdrückt
- ca. 1 TL Salz
- 1 große Prise Cayennepfeffer
- 250 ml tahina (Sesampaste)
- 150 ml Zitronensaft

In einer Schüssel den Knoblauch mit Salz und Cayennepfeffer zu einer Paste verreiben. Mit einer Gabel die Sesampaste unterschlagen, dann die Mischung mit dem Zitronensaft verdünnen, dabei ständig schlagen. Die Sauce sofort servieren oder abdecken und kalt stellen.

Die Sauce hält sich im Kühlschrank bis zu zwei Wochen und kann auch eingefroren werden.

LIBANESISCHE KÜCHE

VINAIGRETTE KLASSISCH

ERGIBT ETWA 200 ML

Wenn man für dieses Rezept Dijonsenf und Weinessig (oder eine Kombination aus Essig und Zitronensaft) verwendet, entsteht eine klassische Vinaigrette im französisch-libanesischen Stil. Läßt man dagegen den Senf weg und nimmt nur Zitronensaft, entspricht dies mehr der arabisch-libanesischen Tradition.

- *1/2 TL Dijonsenf (nach Belieben)*
- *3 EL Rotweinessig oder Zitronensaft (bzw. eine Mischung aus beidem)*
- *120 ml Olivenöl*
- *Salz und frisch gemahlener Pfeffer*

Senf, sofern verwendet, sowie Essig/Zitronensaft und Öl in einem Glas mit Schraubverschluß mischen. Kräftig schütteln, bis die Mischung emulgiert. Salz und Pfeffer nach Geschmack hinzufügen und noch einmal kräftig schütteln. Sofort verwenden oder die Vinaigrette an einem dunklen, kühlen Platz aufbewahren, wo sie sich bis zu zwei Wochen hält.

MIXED PICKLES
KABIS

ERGIBT 500 G

Das Gemüse kann vor dem Einlegen gemischt werden. Besonders gut passen Blumenkohl, kleine Zwiebeln, Gurken und eventuell grüne Bohnen zusammen. Wenn andere Gemüse, etwa kleine grüne Eiertomaten oder weiße Rüben, genommen werden, die eingelegt nicht ganz so appetitlich aussehen, färbt man sie am besten mit Rote-Bete-Saft.

- *450 g Mischgemüse: weiße Rüben, Auberginen, kleine Zwiebeln, Blumenkohl, Gurken, grüne Eiertomaten, grüne Bohnen*
- *450 ml Weißweinessig*
- *250 ml Wasser (falls gewünscht, Wasser verwenden, in dem rote Bete gegart wurde)*
- *2 EL Salz*

Nehmen Sie nur ganz kleine Rüben, Auberginen, Gurken, Zwiebeln und Tomaten. Die Gemüse blanchieren, dann sorgfältig abtropfen lassen und gegebenenfalls in Stücke schneiden. Weiße Rüben, Auberginen und Gurken sollten geviertelt, Tomaten halbiert und die Zwiebeln ganz verwendet werden. Grüne Bohnen in etwa 5 cm lange Stücke schneiden, den Blumenkohl in Röschen teilen.

Die Gemüse auf Gläser mit Schraubverschlüssen aus Kunststoff (kein Metall!) verteilen, dabei die Gläser fast ganz füllen. In einem Krug Essig, Wasser und Salz vermischen und die Gläser damit bis zum Rand auffüllen. Die Gläser mehrmals auf der Arbeitsfläche aufklopfen, um Luftblasen zu lösen. Klarsichtfolie über die Gläser spannen und die Deckel fest aufschrauben.

An einem kühlen, dunklen Platz sind die Pickles bis zu drei Monate haltbar, sie sollten aber vor dem Verzehr mindestens einen Monat durchziehen können.

SAUCEN, DRESSINGS, CHUTNEYS

KREUZKÜMMEL-ZITRONEN-DRESSING

ERGIBT ETWA 200 ML

Diese pikante Vinaigrette ist eine interessante Abwechslung zu den eher klassischen Versionen und paßt gut zu einem schlichten Tomatensalat und Hülsenfrüchten wie Linsen. Das Dressing kann aber auch zu kalten Bratkartoffeln – in Würfel geschnitten, mit roten Zwiebelringen und gehackter glattblättriger Petersilie vermischt – gereicht werden. So schätzen Libanesen und Syrer diese Vinaigrette.

- *1 EL Zucker*
- *1¹/₂ TL Kreuzkümmel, gemahlen*
- *1 Prise Kurkuma*
- *5 EL frisch gepreßter Zitronensaft*
- *120 ml Olivenöl*

Zucker, Kreuzkümmel, Kurkuma und Zitronensaft in einem Glas mit Schraubverschluß vermischen. Kräftig schütteln, damit sich der Zucker auflöst, dann das Olivenöl zufügen und erneut schütteln, bis das Dressing emulgiert ist. Gekühlt hält es sich bis zu zwei Wochen.

JOGHURT-GURKEN-SAUCE

ERGIBT ETWA 500 ML

Dies ist eine sehr schlichte Sauce, die dem türkischen *sadjiq* (s. Seite 59) ähnelt und meist als Beilage zu *schawarma* (s. Seite 14) serviert oder über gefüllte Gemüse wie Auberginen und Zucchini gegeben wird. Die Minze und der Koriander verleihen ihr das typische Aroma.

- *1 Knoblauchzehe, zerdrückt*
- *Salz und frisch gemahlener Pfeffer (nach Geschmack)*
- *250 ml griechischer Joghurt*
- *1 große Salatgurke, geschält, entkernt und geraspelt*
- *1 EL Minze oder Koriander, feingehackt*

In einer Schüssel Knoblauch und etwa 1 TL Salz vermischen. Joghurt, Gurke und Minze (oder Koriander) hineinrühren. Die Sauce nach Geschmack salzen und pfeffern, noch einmal durchrühren und sofort servieren oder kalt stellen.

Die Yoghurtsauce hält sich im Kühlschrank etwa eine Woche. Zum Einfrieren ist sie nicht geeignet.

PISTAZIENDRESSING

ERGIBT ETWA 250 ML

Dies ist ein leichtes Salatdressing, das hervorragend zu gemischtem grünem Salat (*Gemischter Blattsalat*, s. Seite 44) oder in Scheiben geschnittenen Avocado paßt.

- *4 EL frisch gepreßter Zitronensaft*
- *120 ml Olivenöl*
- *1 TL abgeriebene Zitronenschale*
- *4 Frühlingszwiebeln, feingehackt*
- *50 g Pistazienkerne, zerstoßen und gesalzen*
- *Salz und frisch gemahlener Pfeffer*

In einer Schüssel Olivenöl und Zitronensaft verschlagen. Abgeriebene Zitronenschale, zerstoßene Pistazien sowie Salz und Pfeffer nach Geschmack hinzufügen. Noch einmal kräftig durchrühren, bis alle Zutaten gut vermischt sind, dann sofort servieren oder in ein Glas mit Schraubverschluß füllen.

An einem kühlen, dunklen Platz ist das Dressing bis zu drei Tage haltbar.

GRÜNE MAYONNAISE

ERGIBT ETWA 450 ML

Mayonnaise gehört eigentlich nicht in die traditionelle libanesische Küche. Wo eine cremige, kalte Sauce gewünscht wird, nimmt man seit jeher Joghurt oder *tahina*. Aber die Wünsche und Vorlieben der vielen westlichen Besucher – vor allem der Franzosen – haben dazu geführt, daß Mayonnaise in den großen Hotels und Restaurants westlichen Stils heute überall angeboten wird. Oft stammt sie aber aus dem Glas und wurde lediglich mit Kräutern »verfeinert«, um ihr eine interessantere, nah-östliche Note zu verleihen.

- *350 ml Mayonnaise, selbstgemacht oder fertig*
- *75 g Koriander, feingehackt*
- *75 g glattblättrige Petersilie, feingehackt*
- *4 EL frischer Dill, feingehackt*
- *1 große Prise Cayennepfeffer*
- *2 EL frisch gepreßter Zitronensaft*

Alle Zutaten im Mixer oder in der Küchenmaschine vermischen, bis die Mayonnaise glatt ist und die Kräuter gut verteilt sind. Wenn die Mayonnaise nicht sofort verbraucht wird, kann sie bis zu drei Tage im Kühlschrank aufbewahrt werden.

LIBANESISCHE KÜCHE

ZITRONEN-CHUTNEY

ERGIBT ETWA 450 ML

Dieses Chutney hat seinen Ursprung in der nordafrikanischen Küche, in der ganze eingelegte Zitronen verwendet werden. Von französisch-libanesischen Köchen wird es als raffinierte Beilage zu Fisch oder Geflügel gereicht. Anstelle der Salzlake, die man in nordafrikanischen Ländern häufiger findet, bereiten sie das Chutney mit Weißwein zu.

- *10 große Zitronen*
- *2 EL Sonnenblumenöl*
- *2 kleine Zwiebeln, feingehackt*
- *250 ml trockener Weißwein*
- *175 g Zucker*
- *1/2 TL Cayennepfeffer*
- *1/2 TL Kreuzkümmelsamen*
- *1 1/2 TL frisch gemahlener schwarzer Pfeffer*

Mit einem Gemüseschäler von allen zehn Zitronen möglichst lange Zesten abschälen. Die Zesten feinhacken und beiseite stellen. Von zwei geschälten Zitronen die weiße Schale entfernen und das Fruchtfleisch grobhacken. Die Kerne entfernen.

In einem schweren Topf das Öl erhitzen und die gehackte Zwiebel hineingeben. Etwa 10 Min. sautieren, bis sie weich, aber noch nicht gebräunt ist. Gehackte Zesten und Fruchtfleisch, Weißwein, Zucker und Gewürze hineinrühren. Bei mittlerer Hitze etwa 20 Min. garen, bis die Flüssigkeit fast verdampft und das Chutney eine sirupartige Konsistenz hat.

Das Chutney zum Abkühlen in eine Schüssel füllen, dann kalt stellen. Abgedeckt ist es sich im Kühlschrank bis zu zwei Wochen haltbar.

KNOBLAUCHSAUCE
TARATOR BI ZADA

ERGIBT ETWA 250 ML

Diese Sauce wird vor allem zu Geflügel- und Lammgerichten gereicht, sie ist darüber hinaus Grundlage für eine Vielzahl anderer Gerichte. Verrührt man sie mit Joghurt, wird daraus ein köstlicher, kräftiger Dip. Die Knoblauchsauce eignet sich sehr gut für Kartoffelpüree, und der klassischen Ratatouille verleiht sie ein ganz neues Gesicht. Man sollte sie mit Fantasie einsetzen – und mit Mut.

- *45 Knoblauchzehen, geschält und zerdrückt*
- *150 ml Olivenöl*
- *Saft von 1 Zitrone*

Traditionell stellt man diese Sauce her, indem der Knoblauch im Mörser zerstoßen und dann das Olivenöl und der Zitronensaft untergeschlagen werden. Heute machen uns die Küchenmaschine oder der Mixer diese Arbeit leichter. Den Knoblauch in der Küchenmaschine oder im Mixer kurz pürieren. Bei laufendem gerät das Öl mit dünnem Strahl langsam dazugeben. Auf diese Weise sollte ein glattes Püree entstehen. Zum Schluß den Zitronensaft zugeben. Kurz untermischen und die Sauce in eine Schüssel füllen. Die Knoblauchsauce hält sich im Kühlschrank zwei Wochen und länger. Sie können sie natürlich auch einfrieren.

SAUCEN, DRESSINGS, CHUTNEYS

SATSUMA-DRESSING

ERGIBT ETWA 250 ML

Dieses pikant-süße Dressing paßt ausgezeichnet zu leicht säuerlichen Obstsalaten wie zum Beispiel Grapefruit-Avocado-Salat (s. Seite 62), aber auch zu Huhn oder Pute.

- *2 EL Honig*
- *1 TL Satsuma-Schale, fein abgerieben*
- *120 ml frisch gepreßter Satsuma-Saft*
- *2 EL frisch gepreßter Zitronensaft*
- *3 EL Sonnenblumenöl*

Honig und Satsuma-Schale in eine Schüssel geben und den Satsuma- und Zitronensaft vorsichtig unterschlagen, ebenso das Öl. Das Dressing entweder sofort verwenden oder in ein Glas füllen.

An einem dunklen, kühlen Platz hält sich das Dressing bis zu zwei Wochen.

LIBANESISCHES BROT
CHUBZ

ERGIBT 8 FLADEN

Varianten dieses Brotes findet man überall in der arabischen Welt, sie werden vor allem in Dorfbäckereien. Dieses Rezept ist zwar recht einfach, doch das Brot schmeckt köstlich – ein leichter, lockerer Fladen, leicht körnig. Man sollte es sofort verzehren, da es schnell hart wird, wenn man es nicht abdeckt.

- 40 g frische Hefe oder 15 g Trockenhefe
- 900 g Mais- oder Weizenmehl
- 1½ TL Salz
- 60 ml Olivenöl
- Mehl zum Wenden

Frische Hefe in einer Schüssel mit 60 ml lauwarmem Wasser verrühren. Etwa 3 Min. stehen lassen, dann erneut umrühren, damit sich die Hefe vollkommen auflöst. 6 Min. an einem warmen Platz gehen lassen, bis sie ihr Volumen verdoppelt hat.

Das Mehl in eine große, vorgewärmte Schüssel geben und das Salz hineinrühren. In der Mitte eine Mulde machen und die Hefemischung hineingießen. Das Öl hinzufügen und dann in kleinen Mengen 500 ml lauwarmes Wasser. Falls nötig etwas mehr Wasser dazugeben, um einen festen Teig herzustellen, der aufgenommen und auf die bemehlte Arbeitsfläche gesetzt werden kann.

Den Teig etwa 20 Min. kneten, bis er glatt und elastisch ist. In eine Schüssel legen, mit einem Küchentuch abdecken und 2 Stunden an einem warmen Platz gehen lassen, bis er doppelt so groß ist und Blasen wirft. Den Teig auf die Arbeitsfläche legen und noch einmal durchkneten. In acht Stücke teilen und diese zu Kugeln formen.

Mais- oder Weizenmehl auf die Arbeitsfläche streuen und vier Kugeln zu Fladen mit etwa 20 cm Durchmesser ausrollen. Die Fladen nach dem Ausrollen auf ein Backblech legen und mit einem Küchenhandtuch abdecken. Mit den restlichen Teigkugeln ebenso verfahren. Die Brotfladen abgedeckt erneut 30 Min. gehen lassen. Den Backofen auf 200° (Gasherdstufe 3–4) vorheizen.

Beide Bleche übereinander unten in den Backofen schieben und die Brote 5 Min. backen, dann auf mittlerer Schiene weiterbacken; dabei das untere oben einschieben. Noch einmal 4 bis 5 Min. backen, bis die Fladen aufgegangen und goldbraun sind. Aus dem Backofen nehmen und sofort servieren. Falls die Brote nicht sofort verzehrt werden, kann man sie mit Alufolie abgedeckt bei niedriger Temperatur im Backofen oder an einem warmen Platz aufbewahren, aber ihre duftig-leichte Konsistenz verliert sich leider schnell.

LIBANESISCHE KÜCHE

SESAMRINGE
KA'AK

ERGIBT 12 STÜCK

Im Libanon werden diese Sesamringe in Bäckereien hergestellt, in einigen anderen Ländern häufiger an Straßenecken angeboten. Die gemahlenen Kirschkerne (*mahlab*, s. Seite 16) verleihen ihnen das typisch arabische Aroma. *Ka'ak* kann auch gut als Alternative zu *pitta*-Brot und *chubz* für Dips gereicht werden.

- *8 g frische Hefe oder 6 g Trockenhefe*
- *1 TL Zucker*
- *225 g Mehl, Typ 550*
- *1/2 TL Salz*
- *1 TL mahlab, gemahlen*
- *1 EL samna oder zerlassene Butter*
- *1 Ei, verquirlt*
- *3 EL Sesam*

In einer Schüssel Hefe und Zucker mit 60 ml lauwarmem Wasser vermischen. Etwa 3 Min. stehen lassen, dann umrühren. Für etwa 6 Min. zum Gehen an einen warmen Platz stellen. Das Mehl in eine große, vorgewärmte Schüssel geben und Salz und *mahlab* untermischen. In der Mitte eine Mulde machen und die Hefe-Zucker-Mischung hineingießen. *Samna* oder Butter in das Mehl einarbeiten und löffelweise 75 bis 120 ml Wasser zugeben, bis ein fester Teig entstanden ist. Auf die bemehlte Arbeitsfläche setzen.

Den Backofen auf 150° (Gasherdstufe 1) vorheizen. Den Teig etwa 10 Min. kneten, bis er elastisch ist. In eine Schüssel legen, mit einem Küchentuch abdecken und an einem warmen Platz 15 Min. gehen lassen.

Anschließend den Teig noch einmal durchkneten und in 12 Stücke teilen. Auf der bemehlten Arbeitsfläche jedes Stück zu einer langen, etwa fingerdicken Rolle formen. Die Enden zu einem Ring oder zu einer Bretzel zusammenlegen.

Die Ringe auf ein geöltes Backblech legen, mit einem Küchentuch abdecken und etwa 15 Min. gehen lassen. Dann mit etwas verquirltem Ei bepinseln und mit Sesam bestreuen. 30 bis 35 Min. goldbraun backen.

Die Ringe vor dem Servieren auf einem Kuchengitter etwa 10 Min. abkühlen lassen. Sie können auch eingefroren werden.

MAKRONEN MIT PINIENKERNEN

ERGIBT ETWA 35 STÜCK

Diese Kekse sind ein Beitrag der einstmals großen italienischen Gemeinde in Beirut. Sie verbinden auf interessante Weise die Aromen Roms mit denen des Nahen Ostens.

- *225 g Marzipan-Rohmasse*
- *100 g Zucker*
- *1/4 TL Vanille- oder Zitronenextrakt*
- *1 Prise Zimt*
- *1 Prise Piment*
- *2 Eiweiß*
- *4 EL Pinienkerne*
- *Puderzucker*

In einer großen Schüssel mit dem Handmixer Marzipanrohmasse und Zucker cremig schlagen. Vanille- oder Zitronenextrakt und Gewürze untermischen. Dann nacheinander die beiden Eiweiße unterschlagen.

Den Backofen auf 150° (Gasherdstufe 1) vorheizen. Wenn die Marzipanmasse glatt ist, mit einem kleinen Löffel Häufchen auf ein mit Butterbrotpapier ausgelegtes Backblech setzen; dazwischen genug Platz lassen. Pinienkerne wie kleine Stacheln in die Makronen stecken.

Die Makronen etwa 15 Min. backen, bis Kekse und Pinienkerne goldbraun sind. Das Blech aus dem Backofen nehmen. Die Ränder des Butterbrotpapiers anheben und etwas Wasser unter das Papier laufen lassen, damit sich die Makronen gut lösen. Mit einem Spatel auf ein Kuchengitter heben und vor dem Servieren vollständig auskühlen lassen.

In einem luftdicht verschlossenen Behälter sind die Makronen bis zu einer Woche haltbar.

BROT UND DESSERTS 115

ARMENISCHES FLADENBROT

ERGIBT 2 STÜCK

Die große armenische Bevölkerungsgruppe im Libanon, die sich in Zeiten grausamer Verfolgungen durch die Türken hier ansiedelte, hat einige Beiträge zur Landesküche geleistet. Dieses Fladenbrot ist eine interessante Alternative zu chubz. Ein Fladen reicht für 4 bis 6 Personen.

- *18 g frische Hefe oder 6 g Trockenhefe*
- *1 TL Zucker*
- *350 g Mehl, Typ 550*
- *1 TL Salz*
- *1 TL samna oder weiche Butter*
- *2 EL Joghurt*
- *2 bis 3 EL Mohnsamen*

In einer Schüssel die Hefe mit 250 ml lauwarmem Wasser verrühren. Etwa 3 Min. stehen lassen, dann den Zucker hineinrühren und die Mischung 10 bis 12 Min. an einem warmen Platz gehen lassen, bis sie Blasen bildet und ihr Volumen verdoppelt hat. Dann die Hälfte des Mehls in eine große, vorgewärmte Schüssel geben und das Salz hineinrühren. In der Mitte eine Mulde machen und die *samna* einarbeiten, dann nach und nach die Hefemischung zugeben, bis ein gut knetbarer Teig entstanden ist.

Den Teig auf die bemehlte Arbeitsfläche setzen und etwa 10 Min. kneten, dabei von dem verbliebenen Mehl soviel einarbeiten, daß ein glatter, elastischer Teig entsteht. Wieder in die Schüssel legen, mit einem Küchentuch abdecken und etwa 45 Min. an einem warmen Platz gehen lassen, bis der Teig etwa doppelt so groß ist.

Den Backofen auf 200° (Gasherdstufe 3–4) vorheizen. Den Teig erneut kurz durchkneten und halbieren. Zwei Kugeln daraus formen und jede zu einem Kreis von 40 cm Durchmesser ausrollen. Die beiden Fladen mit Joghurt, der mit etwas Wasser verdünnt wurde, bestreichen und mit dem Mohn bestreuen. 20 bis 25 Min. goldbraun backen, bis das Brot aufgegangen ist.

Die Fladen können auch eingefroren und später wieder aufgebacken werden.

JOGHURT MIT HONIG UND NÜSSEN

FÜR 4 PERSONEN

Für dieses köstliche Dessert kann einfacher Joghurt aus dem Becher verwendet werden, es schmeckt allerdings besser, wenn man den Joghurt zunächst etwas abtropfen läßt, aber nicht so lange wie für labna (s. Seite 53).

- *750 ml griechischer Schafsmilchjoghurt*
- *50 g ganze blanchierte Mandeln, grobgehackt*
- *50 g ganze Pistazien, halbiert*
- *2 EL Honig*
- *1 TL Zimt, gemahlen*
- *1 TL gemahlene Muskatnuß oder Kardamom*

Den Joghurt in einen mit feuchtem Nesseltuch ausgelegten Durchschlag geben und 2 bis 3 Stunden abtropfen lassen. Den Backofen auf 180° (Gasherdstufe 2–3) vorheizen. Mandeln und Pistazien auf einem Backblech vermischen und etwa 8 bis 10 Min. rösten, bis sie goldbraun sind. Anschließend in eine Schüssel geben und Honig und Zimt unterrühren.

Den abgetropften Joghurt auf vier Schalen verteilen und die Nuß-Honig-Mischung darübergeben. Jede Portion mit einer Prise Muskat oder Kardamom bestäuben. Sofort servieren.

GRIESS-ZITRONEN-KUCHEN
BASBUSA

ERGIBT EINEN 20 x 30 CM GROSSEN KUCHEN

Diesen Zitronenkuchen reicht man im Nahen Osten entweder zum Tee oder als Dessert. Das traditionelle Rezept enthält mehr *samna* als dieses hier, bei dem die Fettmenge erheblich reduziert wurde.

- *225 g Zucker*
- *225 g Hartweizengrieß*
- *1/2 TL Natron*
- *350 ml griechischer Joghurt*
- *4 EL samna oder zerlassene Butter*
- *18 bis 24 ganze blanchierte Mandeln*

SIRUP
- *225 g Zucker*
- *4 EL frisch gepreßter Zitronensaft*
- *einige Tropfen Rosenwasser*

Zunächst den Sirup bereiten: 350 ml Wasser, den Zucker und Zitronensaft in einen schweren Topf geben und unter Rühren köcheln lassen, bis sich der Zucker aufgelöst hat. Dann die Mischung kräftig durchkochen, bis sie die Konsistenz von dickflüssigem Honig hat oder ein Zuckerthermometer 110° anzeigt. Zum Abkühlen beiseite stellen.

Den Backofen auf 180° (Gasherdstufe 2–3) vorheizen. Für den Kuchen zunächst Zucker, Grieß und Natron vermischen. Nun mit einem Holzlöffel den Joghurt unterschlagen, dann *samna* oder zerlassene Butter. Die Masse in eine gut gefettete 20 x 30 cm große Backform füllen und etwa 15 Min. backen. Die Mandeln gleichmäßig verteilt daraufsetzen und den Kuchen erneut etwa 30 Min. backen, bis er goldbraun ist.

Den Kuchen etwa 10 Min. abkühlen lassen, dann in Quadrate oder Rauten schneiden. Den erkalteten Sirup behutsam darübergießen und einziehen lassen – der Kuchen soll getränkt, aber nicht matschig werden. Mit Zimmertemperatur servieren. In einem luftdicht verschlossenen Behälter hält sich der Kuchen etwa eine Woche.

GEFÜLLTE DATTELN
TAMR BI LOHZ

ERGIBT 12 STÜCK

Gefüllte Trockenfrüchte sind ein wichtiger Bestandteil der traditionellen arabischen Gastfreundschaft. Nach altüberlieferten Rezepten zubereitete Füllungen sind mitunter sehr süß, sie bestehen aus Pasten mit Zucker, gemahlenen Mandeln oder Blütenwasser. Dieses Rezept ist nicht so süß, und damit moderner. Man kann auch Trockenpflaumen und Walnüsse verwenden.

- *12 dicke Medjul-Datteln*
- *100 g anari- oder Ricotta-Käse*
- *1 TL Zucker*
- *1 TL fein abgeriebene Zitronenschale*
- *12 ganze Mandeln*

Die Datteln vorsichtig aufschneiden und die Kerne entfernen. Die entstandene Höhlung behutsam vergrößern. Die Datteln beiseite stellen.

In einer Schüssel den Käse, Zucker und abgeriebene Zitronenschale vermischen. Die Masse auf die zwölf Datteln verteilen und auf jede eine Mandel setzen. Die Datteln auf einem kleinen Servierteller dekorativ anrichten.

HONIGKUCHEN

ERGIBT ETWA 40 STÜCK

Diese keksartigen Kuchen vereinigen drei im Nahen Osten beliebte Zutaten in sich: Honig, Zimt und Zitrone. Dieses Rezept ist eine Variante eines beliebten jüdischen Rezeptes. In den 70er Jahren war die jüdische Gemeinde in Beirut zwar immer noch klein, aber sehr einflußreich.

- *450 ml samna oder Olivenöl*
- *225 g hellbrauner Zucker*
- *1 EL Nelken, gemahlen*
- *1 EL Zimt, gemahlen*
- *1 TL abgeriebene Zitronenschale*
- *Saft von 2 Zitronen*
- *120 ml Honig*
- *120 ml Milch*
- *600 g Mehl*
- *2 EL Backpulver*

GLASUR
- *450 ml Wasser*
- *250 ml Honig*
- *250 g Zucker*
- *1 TL frisch gepreßter Zitronensaft*
- *100 g gemischte kandierte Früchte*

In einer Schüssel mit dem Handmixer *samna* oder Öl cremig schlagen. Nelken, Zimt, abgeriebene Zitronenschale und Zitronensaft hinzufügen und etwa 5 Min. weiterschlagen, bis die Zutaten gut vermischt sind. Bei niedriger Mixerstufe nach und nach Mehl und Backpulver unterrühren. 10 bis 15 Min. langsam rühren, bis ein glatter Teig entstanden ist.

Den Backofen auf 180° (Gasherdstufe 2–3) vorheizen. Pflaumengroße Teigstücke abbrechen und zu Kugeln rollen. Die Kugeln mit den Handflächen flachdrücken und in der Mitte einmulden. Auf ein gefettetes Backblech setzen und etwa 20 Min. hellbraun backen.

Kurz vor Ende der Backzeit das Wasser erhitzen und Honig und Zucker hineinrühren. Die Mischung aufkochen und rühren, bis sich der Zucker aufgelöst hat. Die Hitze reduzieren und den Sirup köcheln lassen. Sobald er leicht eingedickt ist, den Sirup von der Kochstelle nehmen und den Zitronensaft hineinrühren.

Das fertige Gebäck mit einem Spatel vom Backblech heben und nacheinander in den Sirup tauchen. Auf ein Kuchengitter legen, mit den Früchten bestreuen und trocknen lassen. In einem luftdicht verschlossenen Behälter zwischen Butterbrotpapierlagen aufbewahren.

Rechts: gefüllte Datteln

LIBANESISCHE KÜCHE

ZIMT-PISTAZIEN-MONDE

ERGIBT ETWA 50 STÜCK

Der Halbmond war im arabischen Kulturraum seit jeher eine beliebte Form. Dieses süße Gebäck erinnert an kleine französische Croissants, hat aber ein typisch levantinisches Aroma.

- 18 g frische Hefe oder 6 g Trockenhefe
- 2 EL Zucker
- 275 g Mehl
- 250 ml zerlassene Butter
- 2 Eier, verquirlt

FÜLLUNG
- 1 EL Zimt, gemahlen
- 100 g hellbrauner Zucker
- 50 g Pistazien, fein zerstoßen

In einer Schüssel die Hefe mit 60 ml lauwarmem Wasser mischen. 3 Min. gehen lassen, dann den Zucker hineinrühren und die Mischung etwa 5 Min. stehen lassen, damit sich der Zucker auflöst.

Das Mehl in eine große Schüssel geben, in der Mitte einmulden und Hefemischung, zerlassene Butter und verquirlte Eier hineinrühren. Die Zutaten sorgfältig mit den Händen vermischen. Den Teig zu einer Kugel formen, die Schüssel mit Klarsichtfolie abdecken und den Teig mindestens 4 Stunden oder über Nacht kalt stellen.

Den Backofen auf 180° (Gasherdstufe 2–3) vorheizen. In einer Schüssel Zimt, braunen Zucker und Nüsse vermischen. Den Teigballen auf die bemehlte Arbeitsfläche setzen und in sechs gleich große Kugeln teilen.

Eine Kugel zu einem 20 cm großen runden Fladen ausrollen. Etwa ein Sechstel der Zimt-Nuß-Mischung auf einen Teller geben. Den Teigkreis in die Mischung drücken, einen zweiten Teller darübersetzen und beide Teller umdrehen. Die auf dem Teller verbliebene Nußmischung auf dem Teig verteilen. Den Teig in acht Keile schneiden und diese, am breiten Ende beginnend, aufrollen. Die Enden umbiegen, so daß Halbmonde entstehen. 20 Min. ruhen lassen, anschließend in den Backofen schieben.

Mit den restlichen Teigkugeln und der übrigen Pistazienmischung ebenso verfahren. Die Halbmonde portionsweise auf geölten Backblechen etwa 15 Min. goldbraun backen.

Die Kekse können auch eingefroren und später wieder aufgebacken werden.

LIBANESISCHE KÜCHE

NUSS-SIRUP-KUCHEN
BAQLAWA

ERGIBT EINEN 20 x 30 CM GROSSEN KUCHEN

Den Nuß-Sirup-Kuchen findet man im Nahen Osten in vielen Varianten. Besser ist uns wohl die griechische oder türkische Version bekannt, die mit Walnüssen und Honig bereitet wird. Im Libanon verwendet man dagegen Pistazien und/oder Cashewnüsse, und der Honig wird durch Orangenblütenwasser ersetzt. Zu Röllchen geformt, nennen die Libanesen dieses Gebäck *asabija*.

- *450 g Phyllo-Teig*
- *225 g samna oder Butter, zerlassen*
- *4 EL Sonnenblumenöl*
- *400 g Pistazien- oder Cashewkerne, feingehackt*
- *1 EL Zucker*
- *½ TL Zimt, gemahlen*

SIRUP
- *350 g Zucker*
- *1 EL frisch gepreßter Zitronensaft*
- *1 EL Orangenblütenwasser*

Zuerst den Sirup zubereiten: Zucker, Zitronensaft und 175 ml Wasser in einem schweren Topf vermischen und bei mittlerer Hitze köcheln lassen, bis sich der Zucker auflöst. Dann den Sirup 5 Min. sprudelnd kochen lassen. Sobald er dick wird und ein Zuckerthermometer 108° anzeigt, den Topf von der Kochstelle nehmen und das Orangenblütenwasser hineinrühren. Den Sirup abkühlen lassen, dann kalt stellen.

Den Backofen auf 180° (Gasherdstufe 2–3) vorheizen. Die Teigplatten aus dem Paket nehmen und mit einem feuchten Tuch abdecken. Eine 20 x 30 cm große Backform mit etwas Butter fetten, den Rest davon mit dem Sonnenblumenöl mischen.

Zwei Teigplatten vorbereiten. Eine in die Backform legen und gut in die Ecken eindrücken. Mit etwas *samna* oder Butter und Öl bestreichen und eine zweite Teigplatte daraufsetzen. Ebenfalls mit Fett bepinseln, dann die überstehenden Teigränder nach innen umlegen und mit Öl und Butter bestreichen. Diesen Arbeitsschritt mit zwei weiteren Teigplatten wiederholen. So fortfahren, bis die Hälfte der Teigplatten verarbeitet ist.

In einer Schüssel gehackte Nüsse, Zucker und Zimt vermischen. Die Mischung auf die Teigplatten in der Backform streuen und gleichmäßig festdrücken. Die Nüsse mit zwei weiteren Teigplatten abdecken und diese mit *samna* oder Butter und Öl bestreichen und umfalten. Mit den restlichen Teigplatten ebenso verfahren und zum Schluß die Oberfläche mit der übrigen Butter-Öl-Mischung bestreichen.

In die Oberfläche etwa 5 cm große Rauten ritzen. Die *baqlawa* 45 Min. bei 160° (Gasherdstufe 1–2) backen, dann die Temperatur auf 200° (Gasherdstufe 3–4) heraufschalten und die *baqlawa* erneut 20 Min. backen, bis die Oberfläche knusprig und goldbraun ist.

Schließlich die *baqlawa* aus dem Backofen nehmen und so viel kalten Sirup darübergießen, wie der Teig aufnehmen kann. Abkühlen lassen und mit Zimmertemperatur oder gekühlt servieren.

BROT UND DESSERTS

GEFÜLLTE KEKSE
MAM'UL

ERGIBT ETWA 30 STÜCK

Dieses runde bis eiförmige Feingebäck findet man, mit leuchtendgrünen zerstoßenen Pistazien bestreut, in den Bäckereien des Nahen Ostens.

- *175 g Butter*
- *350 g Mehl*
- *1 EL Rosenwasser*
- *2 EL Milch*
- *Puderzucker*
- *2 EL Pistazien, zerstoßen oder gemahlen*

DATTELFÜLLUNG
- *175 g kandierte Datteln, gehackt*

NUSSFÜLLUNG
- *100 g Pistazien oder Walnüsse*
- *Zucker*

Zunächst die Dattelfüllung bereiten: 120 ml Wasser über die gehackten Datteln gießen und die Mischung unter schwacher Hitze rühren, bis ein recht trockenes Mus entstanden ist. Beiseite stellen. Die Butter mit den Fingern in das Mehl mischen. Rosenwasser und genügend Milch dazugeben, um den Teig zu binden. Den Teig wei-

ter durcharbeiten, bis er weich und geschmeidig ist. In 30 Kugeln teilen und diese in zwei Portionen von jeweils 15 Stück.

Eine Kugel leicht abflachen und den Zeigefinger in die Mitte drücken, so daß eine Vertiefung entsteht. Behutsam etwas von der Dattelmischung hineinsetzen und den Teig darüber zusammendrücken, um einen runden bis ovalen Keks zu formen. Auf diese Weise die übrigen 14 Kekse herstellen.

Die anderen 15 Kugeln wie oben beschrieben mit der Pistazien- oder Walnußmischung und einer Prise Zucker füllen.

Den Backofen auf 160° (Gasherdstufe 1–2) vorheizen. Die Kekse auf ein Backblech legen und längs mit einer kleinen Gabel einritzen. Etwa 25 Min. backen, aber nicht bräunen. Herausnehmen und abkühlen lassen, dann im Puderzucker wälzen. Auf jeden Keks ein wenig zerstoßene oder gemahlene Pistazien streuen.

In einem luftdicht verschlossenen Behälter halten sich die Kekse etwa eine Woche.

ZIMT-EISCREME

ERGIBT ETWA 750 ML

Eiscreme ist, im Gegensatz zu Sorbet, keine traditionelle arabische oder libanesische Süßspeise. Doch mittlerweile sie ist sie aus der libanesischen Küche nicht mehr wegzudenken. Diese Zimt-Eiscreme erinnert mit ihrem betörenden Aroma an den libanesischen Gewürzmarkt. Sie paßt hervorragend zu frischem Obstsalat oder auch zu Grieß-Zitronen-Kuchen (*basbusa*, s. Seite 117).

- *600 ml Crème double*
- *2 Eiweiß*
- *2 TL Zimt, gemahlen*
- *175 g Zucker*

Die Sahne in eine große Schüssel geben und 2 EL kaltes Wasser hineinrühren. Sahne und Schneebesen des Handmixers für etwa 1 Stunde in den Kühlschrank stellen.

Dann die Sahne schlagen, bis sie ihr Volumen etwa verdreifacht hat. In einer zweiten Schüssel das Eiweiß schlagen, bis sich steife Spitzen bilden. Vorsichtig Zimt und Zucker unter die Sahne heben, dann den Eischnee.

Die Mischung in einen Kunststoffbehälter füllen und für 4 Stunden ins Tiefkühlfach stellen. Anschließend die Eismasse in die Küchenmaschine geben und schlagen, bis sie glatt ist. Wieder in den Behälter füllen und mindestens 6 Stunden oder aber über Nacht einfrieren lassen.

LIBANESISCHER BROTPUDDING
OSMALIJA

FÜR 6 PERSONEN

Dieses arabische Dessert wird aus *phyllo*-Teig, Brot oder süßem Gebäck zubereitet. Diese Version hier ist sehr einfach – so wie Brotpudding sein sollte.

- Öl zum Braten
- 6 bis 7 Fladen chubz (arabisches Brot) oder pitta-Brot, in Stücke gezupft
- 100 g große Rosinen
- 100 g Mandelkerne und Pistazien
- 100 g eßfertige Trockenaprikosen, gehackt
- 100 g Zucker
- 1 l Milch
- 300 ml Crème double
- 1½ TL Zimt, gemahlen

Das Öl stark erhitzen und mit einem Stück Brot testen. Wenn es goldbraun wird, die übrigen Stücke portionsweise braten. Auf Küchenpapier abtropfen lassen. Dann etwa zwei Drittel der Brotstücke sich überlagernd auf auf einer ofenfesten Form verteilen. Gleichmäßig mit Rosinen, Nüssen und Aprikosen bestreuen. Das restliche Brot grob zerstoßen und darübergeben.

Den Backofen auf 200° (Gasherdstufe 3–4) vorheizen. In einem Topf die Milch, Sahne und drei Viertel des Zuckers verrühren. Die Mischung aufkochen, dann vom Herd nehmen und über die Brot-Früchte-Mischung in der Backform gießen.

Restlichen Zucker und Zimt vermischen und über den Pudding streuen. 20 Min. backen, bis er braun wird und zu blubbern beginnt. Sofort servieren.

PISTAZIEN-ORANGEN-KUCHEN

ERGIBT EINEN QUADRATISCHEN KUCHEN, ETWA 25 CM GROSS

Hier ein weiterer libanesischer Sirupkuchen. Er wurde von einem in französischer Kochkunst ausgebildeten Chefkoch aus Beirut kreiert. Der europäische Einfluß zeigt sich in der Verwendung gemahlener Nüsse und Likör.

- *3 große Eier*
- *60 g Zucker*
- *1/2 TL Vanille- oder Zitronenextrakt*
- *1 1/2 TL fein abgeriebene Orangenschale*
- *1 Prise Zimt*
- *1 Prise Weinstein*
- *225 g Pistazien, feingemahlen*
- *25 g ka'ak-Krumen (s. Seite 115) oder knusprige Brotkrumen*

SIRUP
- *100 g Zucker*
- *2 EL frisch gepreßter Orangensaft*
- *2 oder 3 Kumquats, in dünne Scheiben geschnitten*
- *2 EL Cointreau oder Grand Marnier*

Zuerst den Sirup bereiten: In einem großen Topf Zucker, Orangensaft, *Kumquats*-Scheiben und 250 ml Wasser vermischen und bei mäßiger Hitze köcheln lassen, bis sich der Zucker auflöst. Den Sirup einkochen lassen, bis er dick ist (Zuckerthermometer: 110°). Von der Kochstelle nehmen und den Orangenlikör hineinrühren. Zum Abkühlen beiseite stellen.

Den Backofen auf 180° (Gasherdstufe 2–3) bringen. Für den Kuchen die Eier trennen; Eigelbe, Zucker und Vanilleextrakt mit dem Handmixer in einer Schüssel schaumig schlagen. Orangenschale und Zimt hineinrühren. In einer zweiten Schüssel Eiweiß und Weinstein schlagen. In einer anderen Schüssel gemahlene Nüsse und ka'ak-Krumen mischen. Ein Drittel des Eischnees in die Eigelbmasse ziehen, dann den restlichen Eischnee abwechselnd mit der Nußmischung unterheben. Die Zutaten gut vermischen. Den Teig in eine gefettete 25 cm große quadratische Backform gießen; 25 Min. goldbraun backen. Herausnehmen, etwa 10 Min. abkühlen lassen, dann in Quadrate oder Rauten teilen und den kaltet *Kumquats*-Sirup darübergießen. Der Kuchen ist in einem luftdicht verschlossenen Behälter zwei Tage haltbar.

ORANGENSORBET
SCHARBAT BI BORTUAN

ERGIBT ETWA 1,5 L

Beim arabischen *scharbat* handelt es sich um einen aromatisierten, sehr süßen Sirup, den man verdünnt trinkt. Die Sultane verfeinerten das Sorbet (eine Erfindung der Mogule), indem sie aromatisiertem, zerstoßenem Eis zum Lockern geschlagenes Eiweiß beigaben.

- *8 saftige Orangen*
- *225 g Zucker*
- *2 bis 3 EL frisch gepreßter Zitronensaft*
- *etwa 1 1/2 TL Orangenblütenwaser*
- *1 großes Eiweiß*
- *frische Minze*

Zuerst von zwei Orangen die Zesten abschälen. Zesten und Zucker im Mixer oder in der Küchenmaschine möglichst fein mahlen. In einen Topf geben und 120 ml Wasser hinzufügen. Diese Mischung bei hoher Temperatur unter Rühren aufkochen, dann die Hitze reduzieren und den Topfinhalt abgedeckt etwa 5 Min. köcheln lassen. Abkühlen lassen und in den Kühlschrank stellen, bis die Mischungrichtig kalt ist.

Die Orangen auspressen und den Saft (etwa 1 Liter) in eine große Schüssel geben. Den Sirup, 2 EL Zitronensaft, 1 TL Orangenblütenwasser und das Eiweiß hineinrühren, aber nicht unterschlagen.

Die Mischung in einen Gefrierbehälter geben und für etwa 5 Stunden einfrieren, bis sich Eiskristalle gebildet haben. Das Sorbet in die Küchenmaschine geben und eventuell noch Zitronensaft oder Orangenblütenwasser nach Geschmack hinzufügen. Das Gerät laufen lassen, bis die Eiskristalle zerkleinert sind. Die Mischung erneut über Nacht einfrieren. In Schalen, mit frischen Minze-Stengeln garniert, servieren.

LIBANESISCHE KÜCHE

JOGHURT-ORANGEN-KUCHEN

FÜR 6 PERSONEN

Dies ist ein weiteres »modernes« Dessert, in dem die Aromen und der Geist der alten Levante mit dem Gesundheitsbewußtsein der neuen vereinigt wurden. Es ist sehr einfach zuzubereiten.

- *3 große Eier, getrennt*
- *120 ml Milch*
- *250 ml griechischer Joghurt*
- *½ TL abgeriebene Orangenschale*
- *4 EL frisch gepreßter Orangensaft*
- *225 g Zucker*
- *25 g Mehl*
- *1 TL Vanilleextrakt*
- *Fruchtjoghurt (nach Belieben)*

Den Backofen auf 180° (Gasherdstufe 2–3) vorheizen. In einer Schüssel mit dem Handmixer die Eigelbe schaumig schlagen. Milch, Joghurt, die abgeriebene Orangenschale und Orangensaft hinzufügen, dann 175 g Zucker, Mehl und Vanilleextrakt unterschlagen, bis eine glatte Masse entstanden ist. In einer großen Schüssel das Eiweiß auf mittlerer Stufe schaumig schlagen. Auf hohe Stufe heraufschalten und die restlichen 50 g Zucker unterschlagen, bis sich steife Spitzen bilden.

Die Eigelbmasse behutsam unter den Eischnee ziehen. Die Masse in eine etwa 20 cm große, quadratische Backform füllen.

Die Form in einen größeren Behälter setzen und in diesen auf halbe Höhe der Backform kochendes Wasser gießen. Den Kuchen im Backofen etwa 30 Min. backen, bis er goldbraun ist. Man kann ihn sehr gut mit süßem Fruchtjoghurt servieren.

***

REGISTER

A

Abendessen 8
Agga bi anschuga 46
Agga bi kusa 55
Al-Lahm 85–94
Alja 14
Anari 13
Anis, Verwendung 16
Aprikosen 10
    Aprikosen-Käse-Happen 34
    Huhn mit Aprikosen und
      Oliven 79
Arak 8, 12
Armenisches Fladenbrot 116
Armenisches Hackfleisch 87
Artischockensuppe, gekühlte 20
Asabija 10
Auberginen 10
    Kaltes Auberginenpüree 37
    Süß-saure Aubergine 59
Avocado bi tahina 28
Avocado-Grapefruit-Salat 62

B

Baid bi djubna 80
Baid hamid 82
Baila 10
Bamia 10
Bamia masluq 91
Baqlawa 10, 121
    Pikante *Baqlawa* 50
Basbusa 117
Bastarma 12
Batatis bi hummus 100
Batatis harras 14, 101
Bataten
    Bataten-Okra-Kebab 102
    Geschmorte Ente m. Bataten 82f.
Bazinjan 10
Bazinjan rahib 59
Blattsalat, gemischter 44
Blütenwasser s. Orangenblüten-
    wasser; Rosenwasser
Bohadj 10
Bohnen, Sorten 10, 12;
    braune, mit Kräutern 101
    s. auch Einzeleintragungen
Bratkartoffeln 14, 101
Brot und Desserts 113–125
Brot
    Armenisches Fladenbrot 116
    Brotpudding 123
    Brotsalat 31
    Gebackene Käsefladen 47
    Libanesisches Brot 114
    Sesamringe 115
    Sorten 8, 12
Bulgur 8, 10, 12
    Bulgur-Kräuter-Salat 10
    Linsen und Bulgur 98
Butter, geklärte 14

C

Cafés 8
Cashewnüsse 13f.
Chadrawat, ruzz wa burghul 95–102
Chilis, Verwendung 16
Chubz 8, 114
Chubz wi haelawiyat 113–125
Couscous 10

D

Dadjadj mahschi 78
Datteln
    gefüllte 118
    Pastinak-Dattel-Salat 60
    Verwendung 7, 10
Dicke Bohnen 8, 10, 12
Dill, Verwendung 15
Dips, s. Vorspeisen und Salate
Djawanih 77
Djibach baida 13
Djubnah djadula 13
Dukka 28

E

Eier 75–84
    gebraten oder hartgekocht 8
    Hartgekochte Eier mit
      Zwiebelaroma 82
    Käse-Eier 80
    Sardellen-Ei-Rollen 46
Einflüsse auf die Küche 7
Ente, geschmort mit Bataten 82f.
Erdnüsse 8
Eßgewohnheiten 8
Essig 7

F

Falafel 47
Farik 10
Farrudj maschwi 76
Fata'ir 10, 41
Fattoush 31
Feigen, getrocknete 10
Fisch und Meeresfrüchte 65–74
Fisch
    aus dem Backofen 71
    in Sesamsauce 71
    Fisch und Reis in Brühe 68
    Fisch-Kebab 74
    Fischrestaurants 8
    Gebratener Fisch mit Pistazien 67
    Gefüllte Fischbällchen 53
    Gefüllter Fisch 72
Fleisch
    Blech-*kubba* 88
    gegrilltes 8
    Hauptgerichte 85–94
    in pikantem Gebäck 10
    Schmorfleisch mit Okras 91
    s. auch Einzeleintragungen
Fleischbällchen, fruchtig-pikante 45

G

Fostu 30
Frischer Salat mit Minze 40
Frühstück 8
Ful achdar 10
Ful baladi saida 12
Ful mudammas 8, 12, 101
Ful nabit 12
Ful sudani 10
Fustuq 10, 13
Fustuq ilja 10

Gebackene Käsefladen 47
Gebäck, süßes
    Sorten 10f.
    mit Blütenwasser 13
    s. auch Phyllo-Teig
»Geflochtener Käse« 13
Geflügel 75–84
    gegrillt 8
    s. auch Einzeleintragungen
Gefüllte Bekaa-Radieschen 35
Gefüllte Datteln 118
Gefüllte Fischbällchen 53
Gefüllte Kekse 122
Gefüllte Lammfleischbällchen 43
Gefüllte Weinblätter 39
Gefüllte Zucchini 92
Gefüllter Fisch 72
Gefülltes Huhn »libanesische
    Art« 78
Gegrillte Sardinen 69
Gegrilltes Hähnchen mit Knoblauch 76
Gekühlte Artischockensuppe 20
Gekühlter Kalmar mit Gurke und
    Minze 70
Gelee, grünes Mandelgelee 7
Gemischter Blattsalat 44
Gemüse
    Sorten 10
    Gemüseauflauf 97
    Libanesische Suppe von Frühlings-
      gemüsen 24
    s. auch Einzeleintragungen
Geschmorte Ente mit Bataten 82f.
Getreide und Gemüse 95–102;
    s. auch Gemüse
Gewürze
    Libanesische Gewürzmischung 16
    Verwendung 7
    s. auch Einzeleintragungen
Gewürzte Mandeln 29
Granatapfelkerne 7, 12
Grapefruit-Avocado-Salat 62
Graupen, Rindfleisch-Graupen-Salat
    60
Grieß-Zitronen-Kuchen 117
Grüne Bohnen, frische 12
    in Olivenöl 31
Grüne Mayonnaise 110
Gurken

Kalmar mit Gurke und Minze 70
Gurken-Joghurt-Speise 59
Gurkensalat 57
Gurkensuppe mit Kreuzkümmel 21

H

Habisch wa laimun 84
Hackfleisch, armenisches 87
Hackfleisch-Kebab 93
Halumi 13
Hamid mahschi wa sardin 73
Hartweizengrieß 10
    als Dickungsmittel s. *mughrabija*
    Grieß-Zitronen-Kuchen 117
Honig
    Honigkuchen 118
    Joghurt mit Honig und Nüssen 116
Hühnerflügel mit Knoblauch 77
Huhn
    Gefülltes Huhn »libanesische
        Art« 78
    Grillhähnchen mit Knoblauch 76
    Huhn mit Aprikosen und
        Oliven 79
    Huhn mit Mandeln und Trauben 80
    Hühner-Zitronen-Suppe 23
Hummus 10, 12, 36
    Hummus bi tahina 37

I

Imdjadra 98
Ingamal 10, 13

J

Joghurt 7, 8, 13
    Cremiger Joghurt-Dip 53
    Gurken-Joghurt-Speise 59
    mit Honig und Nüssen 116
    Joghurt-Orangen-Kuchen 125
    Joghurt-Gurken-Sauce 108
    selbstgemachter Joghurt 10
    Spinat-Joghurt-Suppe 22
    Verwendung 14

K

Ka'ak 115
Kabis 107
Käse
    Aprikosen-Käse-Happen 34
    Arten und Verwendung 10, 12
    Gebackene Käsefladen 47
    Käsebällchen 33
    Käse-Eier 80
Kadju 14
Kaffee, Zubereitung 13;
    s. auch »weißer Kaffee«
Kalladja 13, 47
Kalmar
    Kalmar mit Gurke und Minze 70
    im Mandelmantel 51
Kalte Mandelsauce 105
Kaltes Auberginenpüree 37
Kardamom, im Kaffee 13
    Melonensalat mit Kardamom 62
    Verwendung 16
Kartoffeln
    Bratkartoffeln 101

Kartoffeln mit Kichererbsen 100
Kastaleta ghanam 94
Kekse, gefüllte 122
Kibda bi na'na 89
Kichererbsen
    Kartoffeln mit Kichererbsen 100
    Kichererbsenbällchen 47
    Kichererbsensalat 58
    Lamm-Kichererbsen-Eintopf 90f.
    s. auch *hummus*
Kirschkerne, Verwendung 16
Kischk 13
Klassische Vinaigrette 107
Kleine Spinattaschen 41
Knoblauch
    Grillhähnchen mit Knoblauch 76
    Knoblauchsauce 111
    Linsensuppe mit Knoblauch und
        Zwiebeln 20
Kochfette 14
Konditoreien 8
Koriander
    Tomaten-Koriander-Suppe 24
    Verwendung 15
Krautsalat, libanesischer 50
Kräuter
    Braune Bohnen mit Kräutern 101
    Kräuterüberzug für Käse 12
    s. auch Einzeleintragungen
Kreuzkümmel
    Gurkensuppe mit Kreuzkümmel 21
    Kreuzkümmel-Zitronen-Dressing
        108
    Verwendung 16
Kubba bi schamija 10, 43
Kubba bi saymiyeh 88
Kubba nayeh 40
Kubba samak 53
Kümmel, Verwendung 16
Kufta bi sainija 87
Kufta halaqija 93
Kusa 10
Kusa bi zait 63
Kusa ingamal 96
Kusa mahschi 92

L

Labanija 22
Labna 8, 12, 14, 53
Lahm bi adjina 44
Lahm maschwi 86f.
Lahm bi hummus wa tamatim 90f.
Lamb sambusak 48
Lamm
    Gefüllte Lammfleischbällchen 43
    Hackfleisch-Kebab 93
    Lamm-Kichererbsen-Eintopf 90f.
    Lammfleisch-Halbmonde 48
    Liban. Lammfleisch-Fladen 44
    Libanesisches Shish kebab 86f.
    Rohes Lammfleisch mit Gewürzen
        40
    Verwendung 7
    Würzige Lammkoteletts 94
Leber mit Minze 89
Libanesische Suppe von
    Frühlingsgemüsen 24

Libanesischer Brotpudding 123
Libanesischer Brotsalat 31
Libanesischer Krautsalat 50
Libanesischer Thunfischsalat 67
Libanesisches Brot 114
Libanesisches Shish kebab 86f.
Linsen
    Sorten 10
    Linsen und Reis 98
    Linsen und Bulgur 98
    Linsensalat 56
    Linsensuppe mit Knoblauch und
        Zwiebeln 20
Lohz 10, 13, 29
Lubbia bi zait 31
Lubbija 12

M

Macarona bi laemon 97
Makana 14
Makronen mit Pinienkernen 115
Malbalm 13
Mam'ul 10, 13, 122
Manakisch bi sa'tar 13
Mandeln 13
    gewürzte 29
    Grünes Mandelgelee 7
    Huhn mit Mandeln und Trauben 80
    Kalmar im Mandelmantel 51
    Kalte Mandelsauce 105
Mayonnaise, grüne 110
Mazza, verschiedene 7f., 10, 13
Melone
    Melonenkerne 10
    Melonensalat mit Kardamom 62
    Melonensuppe 26
Menüvorschläge 18
Minze
    Frischer Salat mit Minze 40
    Gekühlter Kalmar mit Gurke
        und Minze 70
    im Tee 13
    Leber mit Minze 89
    Verwendung 15
Mischmisch 10
Mittagessen 8
Mixed Pickles 107
Mohamahsat 10
Mudardara 98
Mughrabija 10, 14
Muhumura 32
Musaka 97
Mutabbal 37
Muscheln aus Tyrus 66
Muskatnuß, Verwendung 16

N

Nelken, Verwendung 17
Nüsse
    Sorten und Verwendung 7, 10, 14
    Joghurt mit Honig und Nüssen
        116
    Nuß-Sirup-Kuchen 121
    Pikante Nußmischung 28
    Scharfe Nußmischung 32
Nudeln mit Zitrone und Öl 97
Nugada 105

O

Öl, Sorten 14;
    s. auch Olivenöl
Okra 10
    Bataten-Okra-Kebab 102
    Schmorfleisch mit Okras 91
Oliven 10
    Grüne Bohnen in Olivenöl 31
    Huhn mit Aprikosen und
      Oliven 79
    Oliven nach Art Beiruts 32
    Olivenöl 10
    mit Kräutern oder Gewürzen 7
    Nudeln mit Zitrone und Öl 97
    Tomaten-Oliven-Salat 39
Orangen
    Joghurt-Orangen-Kuchen 125
    Orangenblütenwasser, Verwendung
      10, 12
    Orangensorbet 124
    Pistazien-Orangen-Kuchen 124
    Pute mit Bitterorangen 84
    s. auch *Satsuma*
Osmalija 123

P

Paprika, Verwendung 17
Pasta 7
Pastinak-Dattel-Salat 60
Petersilie, Verwendung 15
Phyllo-Teig, Verwendung 14
Pickles 107
Pikante Kichererbsenbällchen 47
Pikante Nußmischung 28
Pikantes Gebäck, gefüllt 10
    Baqlawa 50
Pilaw-Reis 99
Piment, Verwendung 17
Pinienkerne 14
    Makronen mit Pinienkernen 115
    Pinienkernsauce 104
    Reis mit Pinienkernen und Rosinen
      99
    Verwendung 10, 13
Pistazien 10, 14
    Gebratener Fisch mit Pistazien 67
    Pistazien-Orangen-Kuchen 124
    Pistaziendressing 109
    Pistaziensauce 104
    Reis-Pistazien-Salat 54
    Würzig-süße Pistazien 30
    Zimt-Pistazien-Monde 120
Pute mit Bitterorangen 84

R

Radieschen, gefüllte Bekaa-
    Radieschen 35
Reis 8
    Fisch und Reis in Brühe 68
    Linsen und Reis 98
Reis mit Pinienkernen und
    Rosinen 99
    Reis-Pistazien-Salat 54
Restaurants 8
Rindfleischgerichte 7
    Bastarma 12
    Rindfleisch-Graupen-Salat 60

Rohes Lammfleisch mit Gewürzen 40
Rosinen
    Reis mit Pinienkernen und
      Rosinen 99
Rote-Bete-Salat 64

S

Sadjiq 59
Sajadija 68
Salata adas 56
    bandjar 64
    hummus 58
    chijar 57
    malfuf 50
    tamatim wa zaitun 39
Salate 10
    Libanesischer Thunfischsalat 67
    s. auch Vorspeisen und Salate
Samak 65–74
Samak bi pistachio 67
Samak bi tahina 71
Samak fi-l furn 71
Samak harrah 72
Samak kebab 74
Sambusak 10, 48
Samna 14
Sardellen-Ei-Rollen 46
Sardinen
    Gegrillte Sardinen 69
    Zitronen mit Sardinenfüllung 73
Satsuma-Dressing 112
Saucen, Dressings, Chutneys 103–112
Schanklisch 10, 12, 33
Scharbat bi bortuan 124
Scharfe Nußmischung 32
Schawarma 14
Schmorfleisch mit Okras 91
Schurba schaman 26
Schurit adas 20
Schwarzer Pfeffer 17
Senf und Kresse, Verwendung 15
Sesam
    Fisch in Sesamsauce 71
    Sesamringe 115
    Sesamsauce 106
    s. auch *tahina*
Sirup, aus dem Handel 10
Sunuba 10, 13
Spinat
    Kleine Spinattaschen 41
    Spinat-Joghurt-Suppe 22
Sudjuk 14
Süß-saure Aubergine 59
Süß-saure Zucchini 63
Sumsum 10
Sumach 7
    Verwendung 17
Suppen 19–26

T

Tabbula 10, 56
Tahina 10, 14, 28, 37
Tamr 10
Tamr bi lohz 118
Tarator bi fustuq 104
Tarator bi sunuba 104
Tarator bi zada 111

Tarator wa muchallal 103–112
Tee 13
Thunfischsalat, libanesischer 67
Thymian, Verwendung 15
Tihn 10
Tomaten
    Tomaten-Koriander-Suppe 24
    Tomaten-Oliven-Salat 39
Trockenfrüchte, Sorten 7, 10
Tujur wa baid 75–84

V

Vinaigrette, klassische 107
Vollweizen 10
Vorspeisen und Salate 27–64

W

Walnüsse 14
    Verwendung 10
    Zucchini mit Walnüssen 96
Waraq inab 39
Wein, Bier und Branntwein 7, 14
Weinblätter 14
    Gefüllte Weinblätter 39
Weiße Bohnen, getrocknete 12
»Weißer Kaffee« 10
Weizen s. Bulgur;
Wilder Majoran, Verwendung 15
Würste, verschiedene 14
Würzig-süße Pistazien 30
Würzige Lammkoteletts 94

Z

Zimt
    in Kaffee 13
    Verwendung 17
    Zimt-Eiscreme 122
    Zimt-Pistazien-Monde 120
Zitronen
    Grieß-Zitronen-Kuchen 117
    Hühner-Zitronen-Suppe 23
    Kreuzkümmel-Zitronen-Dressing
      108
    Nudeln mit Zitrone und Öl 97
    Saft, Dressing/Marinade 7
    Zitronen mit Sardinenfüllung 73
    Zitronenchutney 111
Zucchini 10
    Gefüllte Zucchini 92
    Zucchiniküchlein 55
    Süß-saure Zucchini 63
    Zucchini mit Walnüssen 96
Zwiebeln
    Hartgekochte Eier mit Zwiebel-
      aroma 82
    Linsensuppe mit Knoblauch und
      Zwiebeln 20